CHINESE MADE EASY

Workbook

轻松学汉语（练习册）

Yamin Ma
Xinying Li

Joint Publishing (H.K.) Co.,Ltd.
三联书店（香港）有限公司

Chinese Made Easy *(Workbook 4)*
Yamin Ma, Xinying Li

Editor   Luo Fang
Art design   Arthur Y. Wang, Yamin Ma, Xinying Li
Cover design   Arthur Y. Wang, Zhong Wenjun
Graphic design   Zhong Wenjun
Typeset   Feng Zhengguang, Zhong Wenjun

Published by
JOINT PUBLISHING (H.K.) CO., LTD.
Rm. 1304, 1065 King's Road, Quarry Bay, Hong Kong

Distributed by
SUP PUBLISHING LOGISTICS (HK) LTD.
3/F, 36 Ting Lai Road, Tai Po, N.T., Hong Kong

First published August 2003
Third impression November 2005

Copyright ©2003 Joint Publishing (H.K.) Co., Ltd.

All rights reserved. No part of this book may be reproduced, stored in a retrieval system, or transmitted, in any form or by any means, electronic, mechanical, photocopying, recording or otherwise, without prior pemission in writing from the Publishers.

E-mail: publish@jointpublishing.com

轻松学汉语 （练习册四）
　编　著　　马亚敏　李欣颖

责任编辑　　罗　芳
美术策划　　王　宇　马亚敏　李欣颖
封面设计　　王　宇　钟文君
版式设计　　钟文君
排　　版　　冯政光　钟文君

出　　版　　三联书店（香港）有限公司
　　　　　　香港鲗鱼涌英皇道1065号1304室
发　　行　　香港联合书刊物流有限公司
　　　　　　香港新界大埔汀丽路36号3字楼
印　　刷　　彩图柯式印刷有限公司
　　　　　　香港柴湾新业街11号8楼
版　　次　　2003年8月香港第一版第一次印刷
　　　　　　2005年11月香港第一版第三次印刷
规　　格　　特8开（210 x 297mm）184面
国际书号　　ISBN 962·04·2295·3

©2003　三联书店（香港）有限公司

Authors' acknowledgments

We are grateful to all the following people who have helped us to put the books into publication:

- The English Schools Foundation and the Senior Management Team of Island School, Hong Kong, who have had faith in us and have supported us in our search for suitable textbooks for schools in the international context
- Those students in Year 10 and 11 Mandarin classes who used our books during the trial period and gave us valuable feedback
- Mrs. Marion John, Head of Modern Foreign Languages of Island School, who edited our English and has been a great support in our endeavour to write our own textbooks
- 吴颖、沈志华 who edited our Chinese
- Our publisher, 李昕、陈翠玲 and our editor, 罗芳 who trusted our ability and expertise in the field of Mandarin teaching and learning, and supported us during the period of publication
- Arthur Y. Wang, Annie Wang, 于霆、龚华伟、万琼 for their creativity, skill and hard work in the design of art pieces. Without Arthur Y. Wang's guidance and artistic insight, the books would not have been so beautiful and attractive
- Arthur Y. Wang and 李昕 who provided the fabulous photos
- 陈琦、朱落燕 who proof read the manuscript and gave us valuable suggestions and advice
- 刘春晓 and Tony Zhang who assisted the authors with the sound recording
- Our family members who have always supported and encouraged us to pursue our research and work on this series. Without their continual and generous support, we would not have had the energy and time to accomplish this project

CONTENTS　　　　　　　　　目　录

第一单元　中国概况

第一课　　中国的地理环境..1

　　　　　阅读（一）　折箭训子..13

第二课　　汉语..15

　　　　　阅读（二）　聪明的阿凡提......................................26

第三课　　中国饭菜..28

　　　　　阅读（三）　木兰从军..38

复习、测验..40

第二单元　旅游

第四课　　香港、澳门游..43

　　　　　阅读（四）　三个和尚..54

第五课　　暑假..56

　　　　　阅读（五）　愚人买鞋..68

第六课　　世界名城..70

　　　　　阅读（六）　塞翁失马..81

复习、测验..83

第三单元　家居生活

　　第七课　　家谱……………………………………………86

　　　　　　　阅读（七）　愚公移山………………………………94

　　第八课　　养宠物…………………………………………96

　　　　　　　阅读（八）　东郭先生和狼……………………107

　　第九课　　我的奶奶………………………………………109

　　　　　　　阅读（九）　狐假虎威…………………………120

　　复习、测验………………………………………………………122

第四单元　社区

　　第十课　　小镇上的邮局…………………………………125

　　　　　　　阅读（十）　伯乐与千里马……………………135

　　第十一课　华人社区中心…………………………………137

　　　　　　　阅读（十一）盲人摸象…………………………149

　　第十二课　做义工…………………………………………151

　　　　　　　阅读（十二）井底之蛙…………………………162

　　复习、测验………………………………………………………164

词汇表……………………………………………………………167

第一单元　中国概况

第一课　中国的地理环境

1　根据地图判断正误

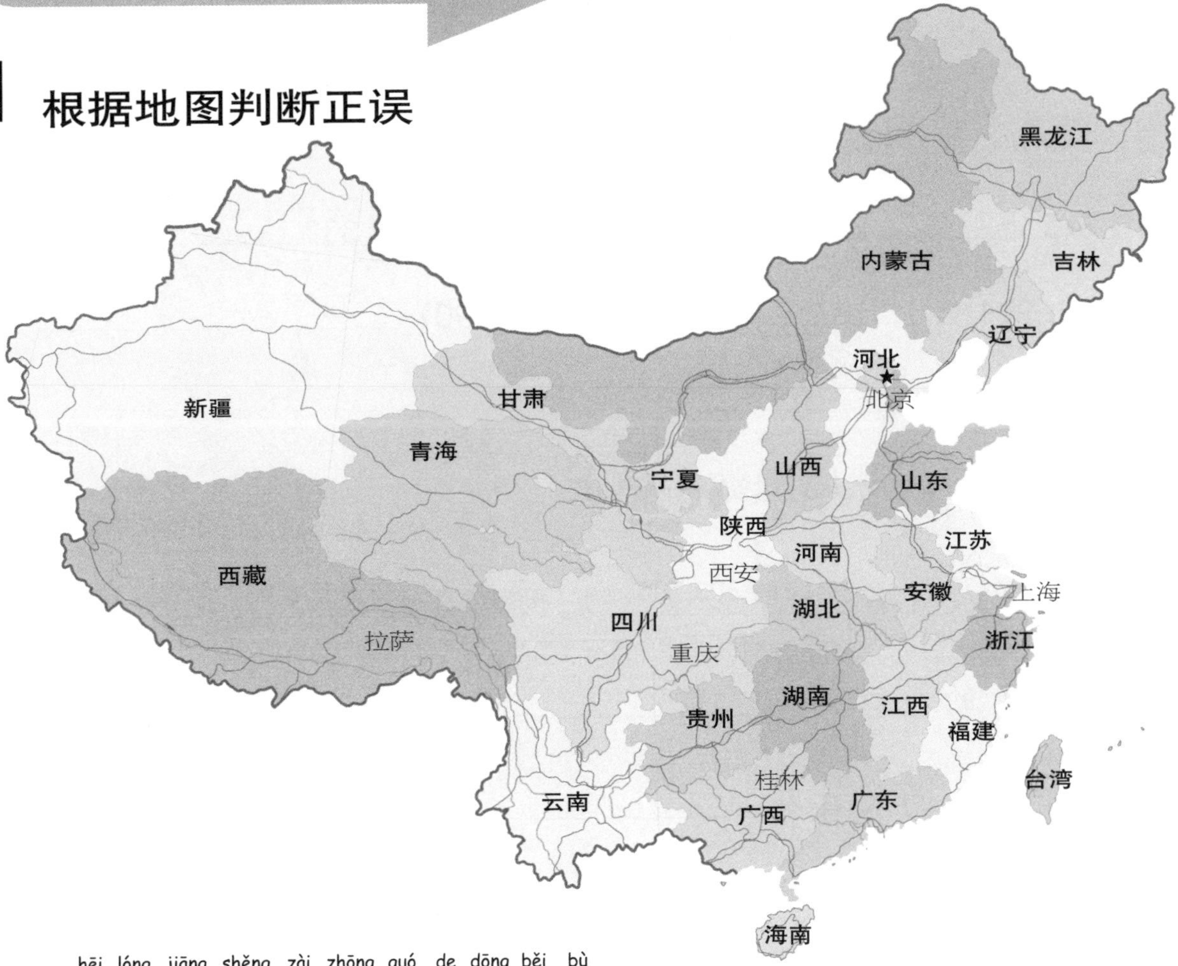

hēi lóng jiāng shěng zài zhōng guó de dōng běi bù
☐ 1) 黑龙江省在中国的东北部。

hé běi shěng zài hé nán shěng de běi miàn
☐ 2) 河北省在河南省的北面。

xī ān shì shǎn xī shěng de shěng huì
☐ 3) 西安是陕西省的省会。

guì lín zài guǎng dōng shěng
☐ 4) 桂林在广东省。

xīn jiāng zì zhì qū zài zhōng guó de xī nán bù
☐ 5) 新疆自治区在中国的西南部。

shàng hǎi shì yí ge yán hǎi chéng shì
☐ 6) 上海是一个沿海城市。

lā sà zài xī zàng zì zhì qū
☐ 7) 拉萨在西藏自治区。

jiāng sū shěng hé fú jiàn shěng dōu shì yán hǎi shěng fèn
☐ 8) 江苏省和福建省都是沿海省份。

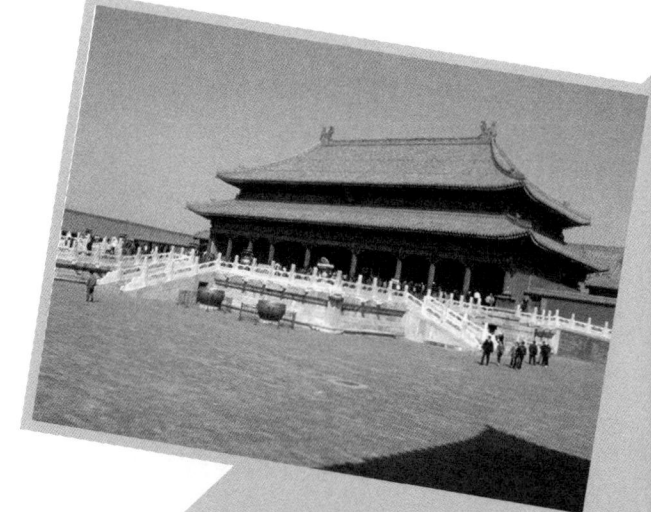

2 用中文写出下列数字

1. 26 ___二十六___
2. 198 _____
3. 2,346 _____
4. 3/5 _____
5. 201,994 _____
6. 44% _____
7. 2,314,947 _____
8. 89.7 _____
9. 947,821,332 _____
10. 90% _____

3 上网查资料，然后把数字填上

1. 中国的人口有 __1,284,303,705__，面积有 __9,596,960 平方公里__。
2. 加拿大的人口有 _____，面积有 _____。
3. 澳大利亚的人口有 _____，面积有 _____。
4. 新西兰的人口有 _____，面积有 _____。
5. 美国的人口有 _____，面积有 _____。
6. 法国的人口有 _____，面积有 _____。
7. 德国的人口有 _____，面积有 _____。
8. 韩国的人口有 _____，面积有 _____。
9. 日本的人口有 _____，面积有 _____。
10. 新加坡的人口有 _____，面积有 _____。

4 根据课文内容填充

中　国					
自治区					
直辖市					
特别行政区					

5 把下列国家归类

ā ěr jí lì yà 阿尔及利亚	kěn ní yà 肯尼亚	xī là 希腊	pú táo yá 葡萄牙	ruì diǎn 瑞典	nuó wēi 挪威	zhōng guó 中国
yìn dù ní xī yà 印度尼西亚	yá mǎi jiā 牙买加	tǔ ěr qí 土耳其	wū kè lán 乌克兰	hán guó 韩国	dé guó 德国	āi jí 埃及
mǎ lái xī yà 马来西亚	yì dà lì 意大利	xī bān yá 西班牙	ā gēn tíng 阿根廷	gāng guǒ 刚果	fǎ guó 法国	yuè nán 越南
ào dà lì yà 澳大利亚	ào dì lì 奥地利	wū gān dá 乌干达	fēi lǜ bīn 菲律宾	bīng dǎo 冰岛	tài guó 泰国	fēn lán 芬兰
luó mǎ ní yà 罗马尼亚	bǐ lì shí 比利时	ài ěr lán 爱尔兰	mò xī gē 墨西哥	bì lǔ 秘鲁	é guó 俄国	hǎi dì 海地
sài nèi jiā ěr 塞内加尔	ān gē lā 安哥拉	jǐ nèi yà 几内亚	bā ná mǎ 巴拿马	gǔ bā 古巴	ruì shì 瑞士	zhì lì 智利
gē lún bǐ yà 哥伦比亚	xīn jiā pō 新加坡	jiā ná dà 加拿大	dān mài 丹麦	měi guó 美国	nán fēi 南非	hé lán 荷兰
ní rì lì yà 尼日利亚	xiōng yá lì 匈牙利	xīn xī lán 新西兰	rì běn 日本	bō lán 波兰	bā xī 巴西	yìn dù 印度

yà zhōu
1. 亚洲：_____

fēi zhōu
2. 非洲：_____

ōu zhōu
3. 欧洲：_____
_____

měi zhōu
4. 美洲：_____

dà yáng zhōu
5. 大洋洲：_____

6 根据拼音查汉字，然后把中文字填上

1. 英国的首都是＿＿(lún dūn)。
2. 法国的首都是＿＿(bā lí)。
3. 美国的首都是＿＿(huá shèng dùn)。
4. 加拿大的首都是＿＿(wò tài huá)。
5. 澳大利亚的首都是＿＿(kān péi lā)。
6. 新西兰的首都是＿＿(huì líng dùn)。
7. 韩国的首都是＿＿(hàn chéng)。
8. 德国的首都是＿＿(bó lín)。
9. 西班牙的首都是＿＿(mǎ dé lǐ)。
10. 葡萄牙的首都是＿＿(lǐ sī běn)。
11. 俄国的首都是＿＿(mò sī kē)。
12. 印度的首都是＿＿(xīn dé lǐ)。

7 词汇扩展

① 积
- 体积 tǐ jī
- 堆积 duī jī
- 积木 jī mù
- 积雪 jī xuě

② 族
- 家族 jiā zú
- 贵族 guì zú
- 藏族 zàng zú
- 回族 huí zú
- 汉族 hàn zú
- 水族馆 shuǐ zú guǎn

③ 融
- 融合 róng hé
- 融和 róng hé
- 融化 róng huà
- 交融 jiāo róng

④ 省
- 省长 shěng zhǎng
- 省会 shěng huì
- 省钱 shěng qián
- 省心 shěng xīn
- 省事 shěng shì
- 节省 jié shěng

⑤ 岛
- 小岛 xiǎo dǎo
- 半岛 bàn dǎo
- 海岛 hǎi dǎo
- 青岛 qīng dǎo
- 安全岛 ān quán dǎo
- 岛国 dǎo guó

⑥ 称
- 称号 chēng hào
- 称王 chēng wáng
- 称为 chēng wéi
- 称呼 chēng hu
- 自称 zì chēng
- 名称 míng chēng

⑦ 华
- 才华 cái huá
- 年华 nián huá
- 华人 huá rén
- 华贵 huá guì
- 华文 huá wén
- 华语 huá yǔ
- 华夏 huá xià
- 中华儿女 zhōng huá ér nǚ

8 阅读理解

中国的南北差别

中国南方和北方的主要分界线是秦岭—淮河一线，也就是说，秦岭—淮河以北的地区叫北方，而秦岭—淮河以南的地区叫南方。

中国的南方和北方有很多不同，特别是在气候和饮食方面。中国的北方四季分明，气候比较干旱、少雨，冬天比较冷，夏天比较热。南方一年四季水绿山青，气候比较温和，雨水比较多，空气比较潮湿。北方出产的农作物主要有小麦、玉米、大豆和棉花。南方主要的农作物有水稻、油菜、茶叶、棉花等，长江中、下游一带更是有名的"鱼米之乡"。北方人一般吃用面粉做的食物，比如饺子、面条、包子和饼等等；南方人主要吃米饭。

词语解释：

1. 分界线 boundary
2. 差别 difference
3. 气候 climate
4. 方面 aspect
5. 干旱 parched; very dry
6. 温和 mild
7. 潮湿 humid
8. 出产 produce; manufacture
9. 农作物 crops
10. 小麦 wheat
11. 棉花 cotton
12. 水稻 rice
13. 油菜 rape seed plant
14. 一带 surrounding area
15. 面粉 flour

根据上文填充：

	气候	农作物	食物
北方			
南方			

9 造句(至少用上其中的两个词)

例子： 世界　去过　中国 → 我去过中国。

或　我去过世界上很多地方。

或　中国是世界上人口最多的国家。

1. 人口　超过　　不到 → _____
2. 占　　百分之　学生 → _____
3. 划分　中国　　民族 → _____
4. 金融　经济　　工业 → _____
5. 沿海　城市　　有名 → _____
6. 面积　平方公里 国家 → _____
7. 农业　其中　　工业 → _____
8. 商业　中心　　首都 → _____

10 填充

| 其中　　分别　　占　　而 |

1. 我们学校有1,200个学生，_____亚洲国家的学生_____40%。
2. 胡一民有七、八条牛仔裤，_____三条是黑色的。
3. 方舒今年暑假参加了三个暑期班，它们_____是游泳班、网球班和高尔夫球班。
4. 他父母都是体育老师，_____他却特别不喜欢体育。
5. 澳大利亚的华人总数为556,554人，_____全国人口的2.1%。
6. 2000年全球老年人有4亿，_____全球总人口6%以上。
7. 戴清弹琴、唱歌都会，还会作曲，_____他弟弟却对音乐一点儿都不感兴趣。

11 阅读理解

广州

广州是广东省的省会，有3,000年的历①___。广州又叫"羊城"，传说是因古②___有五位仙人骑着羊来到广州而得名。广州还有一个名称叫"花城"，因③___广州气候温和，一年四季花红草绿。还有，每年春节前三天举行的广州花市都会吸④___成千上万的广州市民去看花、买花。广州又以"食城"而闻名，"食在广州"这句话每个中国人都知⑤___。在广州，各类茶楼、饭店到处可见。广州人爱喝茶，他们把喝茶叫作"饮茶"。广州人喜欢上茶楼、饭店饮早茶，而且喜欢一边饮茶，一⑥___吃点心。特别是到了周⑦___或假日，一家老小、亲戚朋友都爱聚在一⑧___饮茶。

查字典：

1. 省会 shěng huì
2. 传说 chuán shuō
3. 仙人 xiān rén
4. 名称 míng chēng
5. 成千上万 chéng qiān shàng wàn
6. 闻名 wén míng
7. 到处 dào chù
8. 亲戚 qīn qi
9. 聚 jù

选择填空：

1. a) 代   b) 时   c) 史
2. a) 人   b) 代   c) 典
3. a) 为   b) 此   c) 而
4. a) 引   b) 收   c) 进
5. a) 识   b) 心   c) 道
6. a) 边   b) 面   c) 次
7. a) 朝   b) 末   c) 年
8. a) 起   b) 次   c) 回

根据上文回答下列问题：

1. 广州城有多少年的历史？
2. 广州有哪几个别名？
3. 为什么人们把广州叫作"花城"？
4. 广州人把"喝茶"叫作什么？
5. 广州人一边喝茶一边吃什么？
6. 节假日广州人一般去哪儿聚会？

12 组合成新词组（至少组十个新词）

例子：万里 + 长城 → 万里长城

wàn lǐ 万里	zhèng zhì 政治	cháng chéng 长城	tè bié 特别	jīng jì 经济
zhōng xīn 中心	yán hǎi 沿海	chéng shì 城市	xíng zhèng qū 行政区	zǒng 总
píng fāng 平方	mín zú 民族	zhǔ yào 主要	miàn jī 面积	gōng lǐ 公里
shǎo shù 少数	jīn róng 金融	dì qū 地区	shí pǐn 食品	gōng yè 工业

13 看地图，填省份

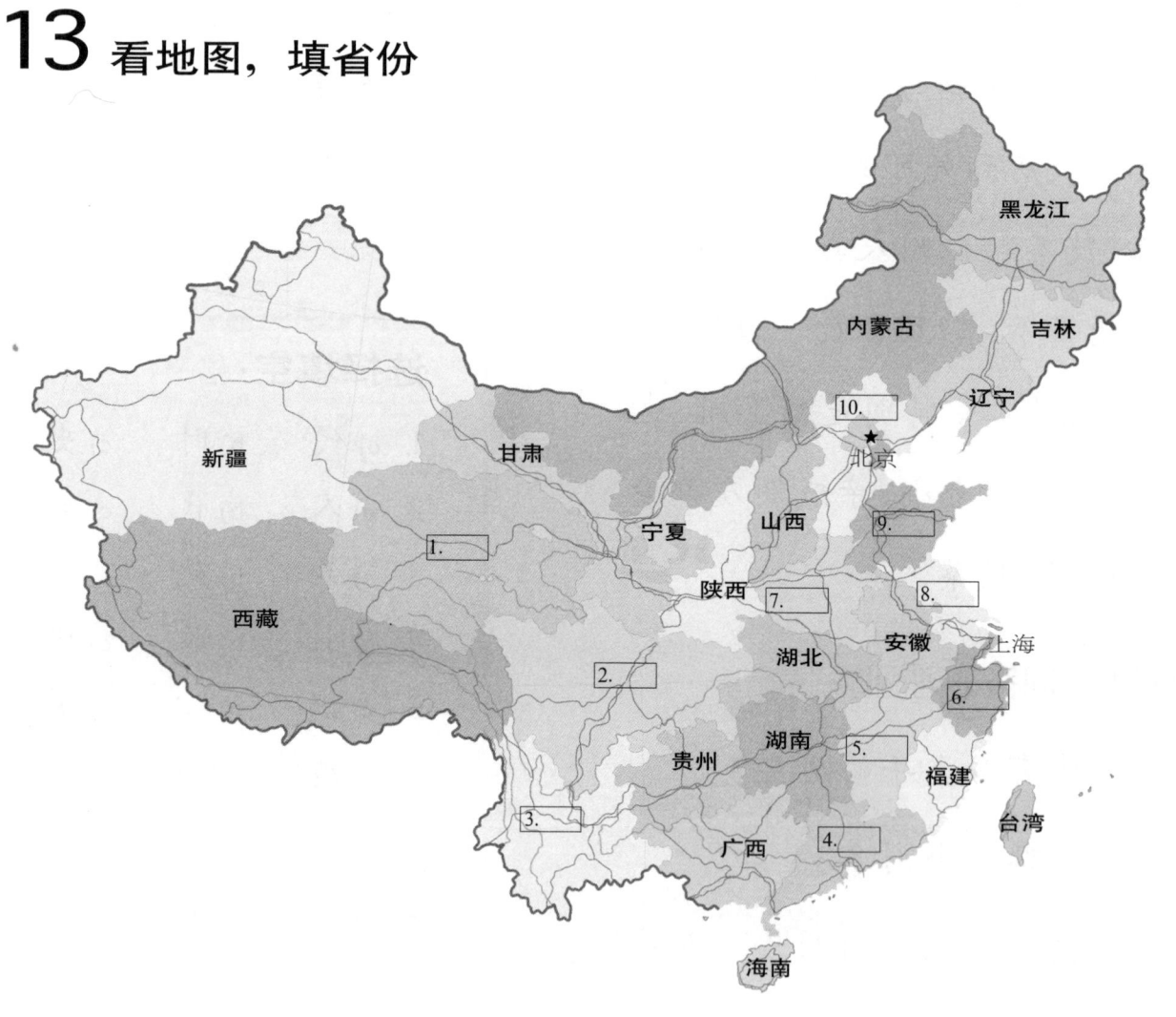

a. qīng hǎi 青海　　b. yún nán 云南　　c. sì chuān 四川　　d. jiāng sū 江苏　　e. zhè jiāng 浙江

f. hé nán 河南　　g. hé běi 河北　　h. shān dōng 山东　　i. jiāng xī 江西　　j. guǎng dōng 广东

14 读一读，写一写

美国

美国的全称叫美利坚合众国，是一个多民族的国家，有200多年的历史。美国的面积有950万平方公里左右，人口超过两亿，是世界上第四大国。

美国划分为50个州，大陆上有48个州，另外的两个州，一个是在北极的阿拉斯加州，还有一个州是由太平洋里大大小小的岛屿组成的，叫夏威夷州。

美国的第一大城市纽约和首都华盛顿都在美国东部大西洋沿海地区，那里是美国的政治、金融和经济中心。

美国西部的最大港口城市叫"三藩市"，也叫"旧金山"，是中国人最早到的城市。那里的农业、工业、商业和科技都很发达。

查字典：
1. 合众国 (hé zhòng guó)
2. 大陆 (dà lù)
3. 北极 (běi jí)
4. 由……组成 (yóu……zǔ chéng)
5. 太平洋 (tài píng yáng)
6. 大西洋 (dà xī yáng)
7. 港口 (gǎng kǒu)
8. 农业 (nóng yè)
9. 科技 (kē jì)
10. 发达 (fā dá)

根据上文填充：

美国的面积：	人口：
历史：　　　年	首都：
美国的第一大城市：	
美国西部最大的港口城市：	

作文：介绍一个国家，内容包括：面积、人口、首都、主要城市、历史等。

15 填充

中国的少数民族

中国是一个多民族的国家，一共有56个____族，其中汉族人口占全____人口的94%，少数民族人口____6%。人口超过100万的少数民族有壮、苗、满、藏、蒙古、土家____15个民族，其中人数最多的是壮____。有些少____民族，例____藏族、蒙古族、维吾尔族等，至今还保留着自____的语言。中国的少数民族主____分布在西南、西北、东北等地____，仅云南地区就居住着20多个少数民族。

16 解释下列词语（注意带点的字）

① { 戏剧 / 计划 }　② { 占有 / 车站 }　③ { 隔壁 / 金融 }　④ { 游船 / 沿海 }

⑤ { 一齐 / 经济 }　⑥ { 照片 / 超级 }　⑦ { 文化 / 华人 }　⑧ { 海鸟 / 岛屿 }

17 组句（不用加任何词）

例子：为　美国　50个州　划分。→ 美国划分为50个州。

1. 天津　很近　北京　离。→

2. 中国　是　上海　最大　城市　的。→

3. 直辖市　重庆　的　一个　是　中国。→

4. 澳门　特别行政区　的　中国　是　一个。→

5. 很多　中国　沿海　有　岛屿。→

18 阅读理解

上 海

上海是中国的一个＿＿＿＿，是中国最大的工业、＿＿＿和商业中心。上海位于中国的＿＿＿，长江的入海口。上海总＿＿＿有6,341平方公里，＿＿＿市区面积只有749平方公里。黄浦江是上海的母亲河，把上海＿＿＿浦东和浦西两部分。浦西是上海的老区，浦东是新开发区。近十几年来浦东的发展很快，已建成了现代化的新机场，还有很多高级＿＿＿区和办公楼。

上海融合了中、西方＿＿＿。就拿建筑来说，上海不仅有具有东方＿＿＿的建筑物，更有不少西方风格的大楼。到了上海的外滩，很多人觉得＿＿＿到了英国的伦敦。在上海还有不少德式、日式、法式等风格的建筑物，加上近期建造的现代风格的建筑物，上海真可说成是"万国建筑博物馆"。

词语解释：
1. 位于 wèi yú be situated
2. 市区 shì qū urban district
3. 开发区 kāi fā qū developing area
4. 发展 fā zhǎn develop
5. 现代化 xiàn dài huà modernize
6. 高级 gāo jí high-ranking
7. 融合 róng hé mix together
8. 就拿……来说 jiù ná…lái shuō take ... for example
9. 建筑 jiàn zhù architecture
10. 不仅 bù jǐn not the only one
11. 具有 jù yǒu have; possess
12. 风格 fēng gé style
13. 近期 jìn qī recently; in the near future
14. 建造 jiàn zào build
15. 博物馆 bó wù guǎn museum

根据上文回答下列问题：

1. 上海在哪儿？
2. 上海市区面积有多大？
3. 什么把上海分成浦东和浦西？
4. 现代化的新机场建在哪儿？
5. 为什么说上海是"万国建筑博物馆"？

用所给的词语填空：

色彩	金融
直辖市	公里
好像	其中
文化	住宅
分成	东部
划分	面积

19 读一读，写一写

我的老家——苏州

我的老家在苏州，但是我是在上海出生、长大的。我每年暑假都回苏州去看望爷爷、奶奶。

苏州是一座历史名城，有2,500年的历史。苏州最有名的寺庙叫寒山寺，寺内有一口大古钟。每年春节除夕，很多人都会专程来到寒山寺，听古钟敲响108下，祝福新年的到来。

苏州以园林而出名，其中留园是中国四大名园之一。苏州市内的街道很干净，环境也很清静，是一个度假的好地方。苏州城市不大，很安全，公共交通设施也比较方便。苏州人的生活水平不太高，花费不大。那里的特产有苏州豆腐干、真丝、手工艺品等。

词语解释：

1. 看望 visit; see
2. 寺庙 temple
3. 除夕 New Year's Eve
4. 专程 special trip
5. 敲 knock; strike
6. 响 sound; noise
7. 祝福 blessing
8. 园林 garden
9. 街道 street
10. 干净 clean
11. 清静 peaceful and quiet
12. 安全 safe
13. 生活 life
14. 水平 standard
15. 特产 special local product
16. 手工艺品 handcrafts

作文：《我的老家》，内容可以包括：
—你老家在哪儿，有多少年的历史
—你老家有什么名胜
—你老家的环境怎么样
—那里人民的生活怎么样
—你老家有什么特产

阅读(一) 折箭训子

1 根据课文回答下列问题

1. 那位少数民族首领有多少个儿子？
2. 他叫每个儿子一次拿几支箭来？
3. 首领把箭折断后扔到哪儿了？
4. 为什么首领的弟弟一下子折不断剩下的19支箭？
5. 首领认为怎样才能让民族强大起来？

2 词汇扩展

① 箭 (jiàn)
- 弓箭 gōng jiàn
- 放箭 fàng jiàn
- 火箭 huǒ jiàn

② 断 (duàn)
- 一刀两断 yì dāo liǎng duàn
- 断电 duàn diàn
- 断交 duàn jiāo
- 断流 duàn liú
- 断气 duàn qì

③ 论 (lùn)
- 论文 lùn wén
- 论说文 lùn shuō wén
- 争论 zhēng lùn

④ 强 (qiáng)
- 要强 yào qiáng
- 好强 hào qiáng
- 强国 qiáng guó
- 强健 qiáng jiàn
- 强硬 qiáng yìng

3 造句（至少选三个词语）

1. 折断：弟弟不小心，把我的尺子折断了。
2. 用力：弟弟用力踢门，三下两下就把门踢坏了。
3. 扔掉：这些衣服太旧了，扔掉吧！
4. 无论：无论刮风、下雨，他每天早上都去跑步。
5. 剩下：你把剩下的鸡汤喝了吧！
6. 努力：他学习很努力，每次考试都考得很好。

4 配对

1. 有言在先 (yǒu yán zài xiān)
2. 半斤八两 (bàn jīn bā liǎng)
3. 包罗万象 (bāo luó wàn xiàng)
4. 表里如一 (biǎo lǐ rú yī)
5. 别具一格 (bié jù yì gé)
6. 冰天雪地 (bīng tiān xuě dì)
7. 不学无术 (bù xué wú shù)
8. 长生不老 (cháng shēng bù lǎo)

a. 另有一种风格 (lìng yǒu yì zhǒng fēng gé)
b. 把话说在前头 (bǎ huà shuō zài qián tou)
c. 形容天气非常寒冷 (xíng róng tiān qì fēi cháng hán lěng)
d. 一直活下去 (yì zhí huó xia qu)
e. 包括了各种各样的东西 (bāo kuò le gè zhǒng gè yàng de dōng xi)
f. 不分上下；一样 (bù fēn shàng xià; yí yàng)
g. 没有学问，所以没有好办法 (méi yǒu xué wèn, suǒ yǐ méi yǒu hǎo bàn fǎ)
h. 外表和内心一样 (wài biǎo hé nèi xīn yí yàng)

5 解释下列词语（注意带点的字）

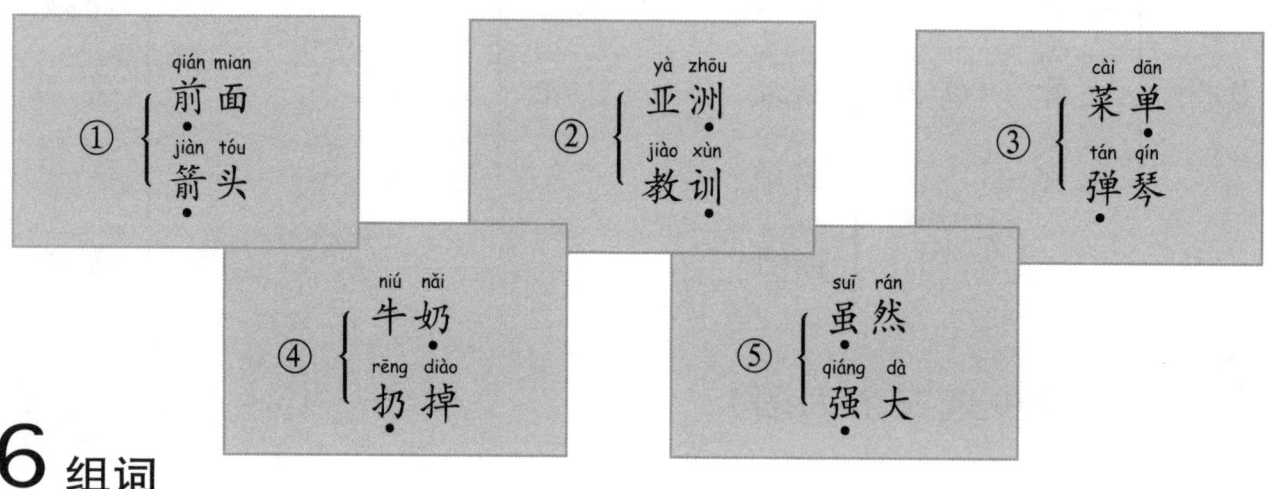

① 前面 / 箭头
② 亚洲 / 教训
③ 菜单 / 弹琴
④ 牛奶 / 扔掉
⑤ 虽然 / 强大

6 组词

1. 里面 → 面积
2. _____ → 民族
3. 划分 → _____
4. 直辖市 → _____
5. 努力 → _____
6. 沿海 → _____
7. 分别 → _____
8. _____ → 政治
9. 公里 → _____
10. 强大 → _____
11. _____ → 折断
12. 之后 → _____
13. 可见 → _____
14. 剩下 → _____
15. _____ → 全称

第二课　汉语

1 加一笔变成另一个字

1. 今 → 令
2. 王 →
3. 木 →
4. 厂 →
5. 万 →
6. 乌 →
7. 十 →
8. 白 →
9. 日 →
10. 大 →
11. 人 →
12. 止 →
13. 土 →
14. 业 →
15. 云 →
16. 古 →

2 填充（从下面的方框里找简体偏旁部首和简体字）

（一）

1. 言 ___讠___
2. 金 _____
3. 食 _____
4. 见 _____
5. 贝 _____
6. 鱼 _____
7. 纟 _____
8. 鸟 _____
9. 车 _____
10. 马 _____
11. 门 _____
12. 页 _____

（二）

1. 亞 ___亚___
2. 東 _____
3. 兩 _____
4. 來 _____
5. 兒 _____
6. 飛 _____
7. 區 _____
8. 國 _____
9. 進 _____
10. 從 _____
11. 書 _____
12. 畫 _____

车　⺮　纟
贝　鱼　页　金
马　　门
见　　鸟

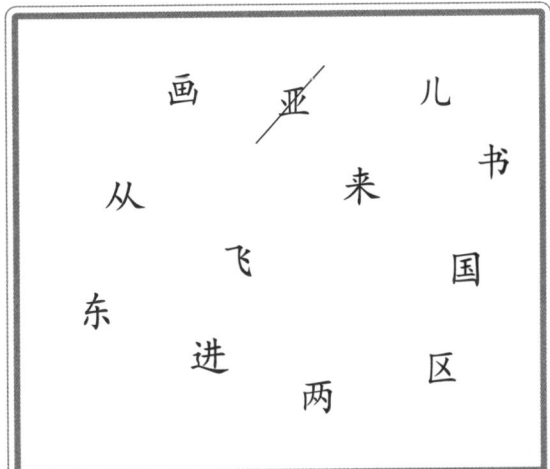

3 读一读

中国姓

中国人的姓有很多。有一本《百家姓》的书收集了几百个姓。全国汉族人中姓李的最多，占7.9%，其次就是姓王和姓张的。除了李、王、张以外，还有很多人姓刘、陈、杨、赵、黄、周、吴、徐、孙、胡、朱、高、林、何、郭和马。姓以上这些姓的人占汉族人口的56%，也就是说汉族有超过一半的人姓以上这些姓。

中国人的名字都有意义。男人和女人的名字不同。女人的名字一般爱用一些比较美的字，例如花、芬、秀、珍、芳等，但也有少数女人用男性名字，男人的名字往往用一些含有坚强、伟大、聪明等意义的字，男人一般不取女性的名字。

中国人的名字大部分由两个字组成名，再加上姓，但是现在越来越多的人用单名，也就是一个姓加上一个字的名，例如，王雷。中国人的姓一般是一个字，但也有复姓，例如，司马、欧阳等。

词语解释：

1. 收集 collect
2. 其次 secondly
3. 意义 meaning
4. 芬 sweet smell; fragrance
5. 秀 elegant; beautiful
6. 珍 treasure
7. 芳 sweet smell; fragrance
8. 往往 often; frequently
9. 坚强 strong; firm
10. 部分 part; section
11. 复姓 compound surname

起中文名：

爸爸 _____

妈妈 _____

你自己 _____

你的好朋友 _____

猜以下姓名的意思：

1. 刘海德
2. 黄祖英
3. 赵国安
4. 何琳
5. 徐继海
6. 胡玉芬
7. 李丽华
8. 孙宁
9. 周文华
10. 高博文

4 先猜读音，然后查字典，填上正确的拼音及意思

		猜读音	正确的拼音	意思
例子：	fāng 方 → 访问	fāng wèn	fǎng wèn	visit
1.	qián 前 → 煎蛋			
2.	zhàng 丈 → 打仗			
3.	fēn 分 → 面粉			
4.	gǔ 古 → 姑妈			
5.	dì 弟 → 邮递员			
6.	pǔ 普 → 家谱			
7.	chéng 成 → 诚实			
8.	yuán 原 → 愿意			

5 学一学

	普通话	广东话（香港）	台湾	新加坡
1	摩托车	电单车	机车	电单车
2	自行车	单车	脚踏车	脚踏车
3	救护车	救伤车	救护车	救伤车
4	冰箱	雪柜	冰箱	冰箱
5	公共汽车	巴士	公车	巴士
6	出租汽车	的士	计程车	德士
7	方便面	公仔面	速食面	快熟面

6 解释下列词语（注意带点的字）

① lǚ guǎn 旅馆 / guān fāng 官方

② dòu jiāng 豆浆 / jiāng jìn 将近

③ zhòng yào 重要 / kàn dǒng 看懂

④ mǎi mài 买卖 / dú yīn 读音

⑤ bǐng gān 饼干 / pīn yīn 拼音

⑥ lì shǐ 历史 / shǐ yòng 使用

⑦ jué sè 角色 / zhèng què 正确

⑧ shí jiān 时间 / jiǎn tǐ zì 简体字

7 阅读理解

中国的方言

现代汉语除了普通话以外，还有＿＿＿不同的方言，＿＿＿分为八大方言。其中北方方言——以北京话为主，＿＿＿是由长江以北的汉族人，以及湖北、四川、云南、贵州等地的汉族人＿＿＿，使用人口大约有64,000万，占＿＿＿汉族人口的70%以上；吴方言——以上海话为主，使用人口约为7,700万，＿＿＿在江苏省及浙江省；客家方言——以广东梅县话为主，使用人口为3,700万，分布在广东、广西、福建、江西等；粤方言——以广州话为主，使用＿＿＿为4,700万，分布在广东和广西。大部分＿＿＿华侨都说粤语。

汉语的方言＿＿＿在语音上不同，而且在词汇和语法＿＿＿也不同。

查字典：
1. 以……为主 (yǐ……wéi zhǔ)
2. 整个 (zhěng gè)
3. 分布 (fēn bù)
4. 客家 (kè jiā)
5. 粤 (yuè)
6. 海外 (hǎi wài)
7. 华侨 (huá qiáo)
8. 词汇 (cí huì)

用所给的词语填空：

人口	不仅	整个	大陆
海外	一般	方面	通用
许多	分布	主要	使用

根据上文填充：

方言名称	主方言	分布	人口
北方方言	北京话		

8 词汇扩展

① 简
- jiǎn bào 简报
- jiǎn biàn 简便
- jiǎn duǎn 简短
- jiǎn huà 简化
- jiǎn lì 简历
- jiǎn míng 简明
- jiǎn yào 简要
- jiǎn yì 简易
- jiǎn zhāng 简章

② 联
- chūn lián 春联
- lián huān huì 联欢会
- lián wǎng 联网
- lián xì 联系

③ 由
- lǐ yóu 理由
- yóu yú 由于
- yóu nán dào běi 由南到北

④ 示
- gào shì 告示
- zhǐ shì 指示
- shì yì tú 示意图

⑤ 拼
- pīn pán 拼盘
- pīn sǐ 拼死
- pīn xiě 拼写
- pīn yīn wén zì 拼音文字
- pīn yīn zì mǔ 拼音字母
- pīn zì yóu xì 拼字游戏
- pīn tú yóu xì 拼图游戏

⑥ 官
- wài jiāo guān 外交官
- guān yuán 官员
- wǔ guān 五官

⑦ 读
- yuè dú 阅读
- dú zhě 读者
- dú shū 读书
- dú wù 读物

⑧ 使
- dà shǐ 大使
- dà shǐ guǎn 大使馆
- shǐ mìng 使命
- shǐ yǎn sè 使眼色
- shǐ yòng miàn jī 使用面积
- shǐ yòng shuō míng shū 使用说明书

⑨ 将
- jiāng lái 将来
- jiāng yào 将要

⑩ 句
- zào jù 造句
- wèn jù 问句
- lì jù 例句
- míng jù 名句
- jù fǎ 句法
- jù hào 句号

⑪ 例
- lì wài 例外
- lì zi 例子

⑫ 繁
- huā yàng fán duō 花样繁多
- fán máng 繁忙
- fán zhòng 繁重
- fán xīng 繁星

⑬ 确
- què dìng 确定
- què rèn 确认
- què shí 确实
- què xìn 确信
- qiān zhēn wàn què 千真万确

9 填充

根据2001年11月澳大利亚人口统计数字，现在住在澳大利亚的华人大约＿＿＿55万，占澳大利亚总人口的2.1%。在大陆出＿＿＿的华人就有大约14万。华人一般集中住＿＿＿新威尔士州、维多利亚州和昆士兰州。虽＿＿＿华人已经超过50万，但＿＿＿在家说汉语的人口大约有40万，其＿＿＿说粤语的有22万，说普通＿＿＿的人有14万，说其＿＿＿语言的人不到4万。所＿＿＿说，把普通话作为家庭语言的还是不算太多。近十几年来，很多中学开设了普通话课程，汉语已成了澳大利亚的第一外＿＿＿。

10 选择适合你的答案（可以选几项）

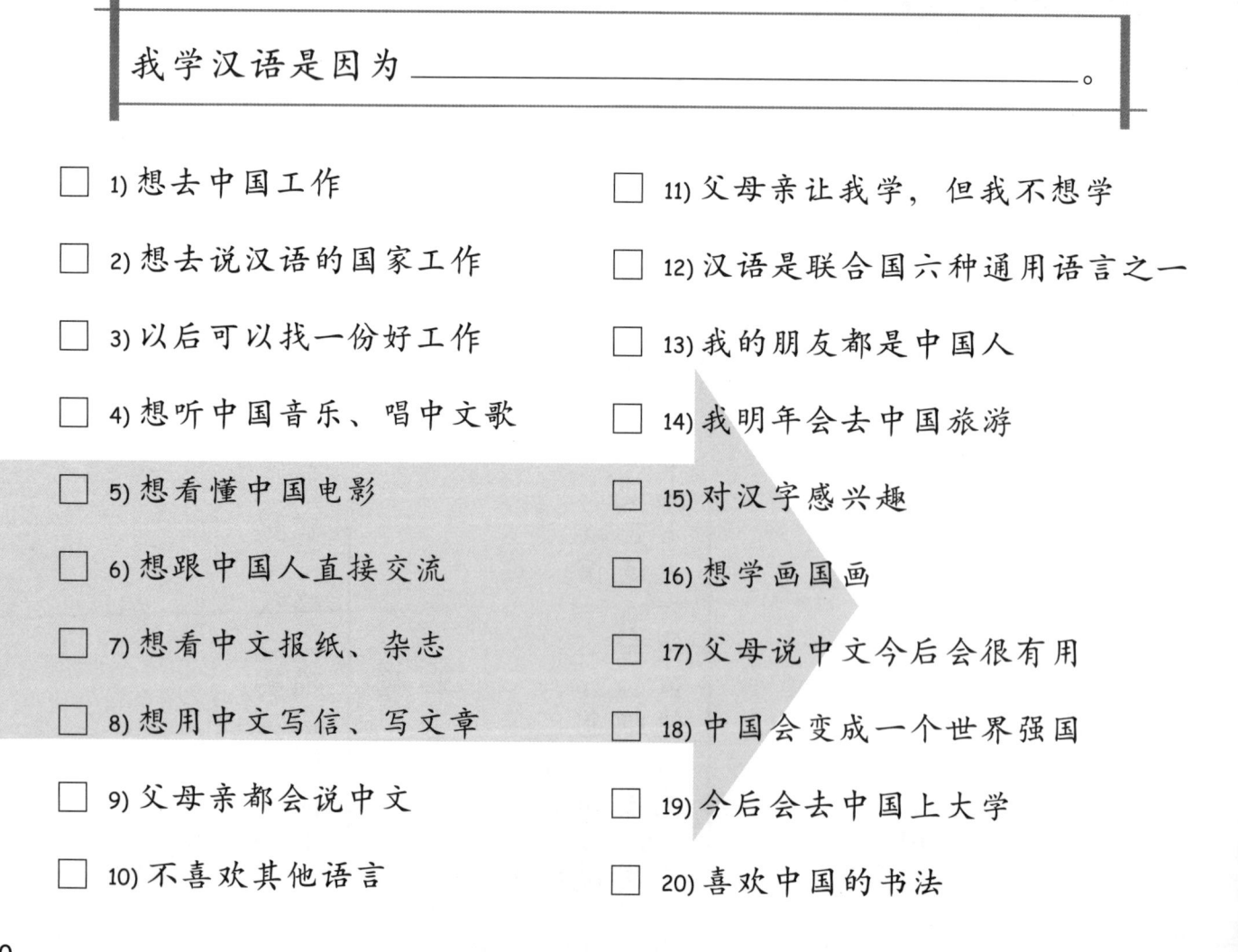

我学汉语是因为＿＿＿＿＿＿＿＿＿＿＿＿＿＿＿＿＿＿。

- ☐ 1) 想去中国工作
- ☐ 2) 想去说汉语的国家工作
- ☐ 3) 以后可以找一份好工作
- ☐ 4) 想听中国音乐、唱中文歌
- ☐ 5) 想看懂中国电影
- ☐ 6) 想跟中国人直接交流
- ☐ 7) 想看中文报纸、杂志
- ☐ 8) 想用中文写信、写文章
- ☐ 9) 父母亲都会说中文
- ☐ 10) 不喜欢其他语言
- ☐ 11) 父母亲让我学，但我不想学
- ☐ 12) 汉语是联合国六种通用语言之一
- ☐ 13) 我的朋友都是中国人
- ☐ 14) 我明年会去中国旅游
- ☐ 15) 对汉字感兴趣
- ☐ 16) 想学画国画
- ☐ 17) 父母说中文今后会很有用
- ☐ 18) 中国会变成一个世界强国
- ☐ 19) 今后会去中国上大学
- ☐ 20) 喜欢中国的书法

11 根据你自己的情况回答下列问题

1. 在学校里，你看到中文老师一般说汉语吗？
2. 你上汉语课的时侯一直都说汉语吗？
3. 如果老师说的汉语你听不懂，你会主动问老师吗？
4. 你在家里能看到华语电视节目吗？如果能看到的话，你常看吗？
5. 你在校外常看中文书吗？
6. 你看过华语电影吗？如果看过，请写出这些电影的名字。
7. 你看到生字会马上写下来吗？
8. 你常把生字写在生字卡上吗？

12 填充

> 如果……就……　　就　　才　　只要……就……

1. ＿＿＿你的烧退了，＿＿＿不用再吃药了。
2. 她吃了五个饺子＿＿＿饱了。
3. 这部电梯只用了一年＿＿＿坏了。
4. 他游了半个小时＿＿＿游到对岸。
5. ＿＿＿你努力学习，你＿＿＿会有进步。
6. 弟弟打完球渴得要命，两三口＿＿＿把一瓶水喝光了。
7. ＿＿＿你觉得热，＿＿＿开空调(tiáo)。
8. 这本小说我一天＿＿＿读完了。
9. 我＿＿＿再买一个水壶和一床被子＿＿＿可以回家了。
10. 这孩子＿＿＿六岁，就已经认得不少汉字了。
11. 我看了半天＿＿＿看懂这句话的意思。
12. 他讲了十分钟＿＿＿把他的意思表达出来。

13 阅读理解

世界上的语言

现在世界上有60亿人口,有200多个国家。一般人认为世界上的语言有4,000多种,但实际上全世界人使用的语言还会超过这个数字。有些学者认为大约有20种语言,现在几乎没有人会说了;全世界将近3/4的语言是没有文字的。

世界上有13种语言比较常用,每种语言的使用人数都超过5,000万,其中汉语、英语、乌尔都语、西班牙语、俄语的使用人数都在1亿以上。使用法语的人虽然不到1亿,但是有26个国家用法语作为官方语言。因为世界上的语言太多了,有人创造了世界语,希望能统一全世界的语言,但是现在会说世界语的人很少。

词语解释:
1. 实际 shí jì in fact; actually
2. 数字 shù zì numeral; figure
3. 学者 xué zhě scholar
4. 常用 cháng yòng in common use
5. 乌尔都语 wū ěr dū yǔ Urdu
6. 西班牙语 xī bān yá yǔ Spanish
7. 俄语 é yǔ Russian
8. 创造 chuàng zào create
9. 世界语 shì jiè yǔ Esperanto
10. 统一 tǒng yī unite

根据上文判断正误:

☐ 1) 世界上的语言有将近3,000种。

☐ 2) 世界上有13种语言比较常用,使用人都超过1亿。

☐ 3) 汉语是世界上使用人数最多的语言。

☐ 4) 只有在法国,法语才是官方语言。

☐ 5) 世界语是人造语言,现在已经很普及了。

14 读一读，写一写

我在学习汉语时遇到的困难

在学习汉语的过程中，我觉得写作最难。写作文的时候，我有很多字不会写，因为还没有学过；有的字虽然学过了，但也写不出来；还有些字我就是记不住。有时，语法也会出错。

参考短语：

听：
- 听不懂大意 tīng bu dǒng dà yì
- 只听出几个字 zhǐ tīng chu jǐ ge zì
- 说得太快 shuō de tài kuài
- 听人说话能听懂一半 tīng rén shuō huà néng tīng dǒng yí bàn
- 看电视几乎一点儿都听不懂 kàn diàn shì jī hū yì diǎnr dōu tīng bu dǒng

说：
- 发音很难 fā yīn hěn nán
- 发音不准 fā yīn bù zhǔn
- 声调分不清 shēng diào fēn bu qīng
- 说话时用错声调 shuō huà shí yòng cuò shēng diào
- 怕说汉语，因为怕说错了别人笑话 pà shuō hàn yǔ, yīn wèi pà shuō cuò le bié rén xiào hua

读：
- 生字很多，还有很多生词 shēng zì hěn duō, hái yǒu hěn duō shēng cí
- 好像每个字都认识，但是看不懂句子 hǎo xiàng měi ge zì dōu rèn shi, dàn shì kàn bu dǒng jù zi

写：
- 汉字太多，有些字学了就忘 hàn zì tài duō, yǒu xiē zì xué le jiù wàng
- 有些字笔画太多，太难写 yǒu xiē zì bǐ huà tài duō, tài nán xiě
- 记不住新学的字 jì bu zhù xīn xué de zì
- 大部分字写不出来 dà bù fen zì xiě bu chū lai
- 语法太难 yǔ fǎ tài nán
- 经常用错字／词 jīng cháng yòng cuò zì / cí

该你了！

题目：我在学习汉语时遇到的困难

15 学一学：中文的缩写

1. 北京大学 → 北大
2. 中国银行 → 中银
3. 欧洲共同体 → 欧共体
4. 奥林匹克运动会 → 奥运会
5. 中国旅行社 → 中旅社
6. 超级市场 → 超市
7. 电子邮件 → 电邮
8. 社会工作者 → 社工

16 造句（至少选四个词语）

1. 大陆：哥伦布在1492年发现了美洲新大陆。
2. 表达：她不知道怎样来表达对王先生的谢意。
3. 文章：一般来说，用外语写文章挺难的。
4. 由……组成：我们学校的合唱队是由150个10-15岁的中学生组成的。
5. 表示：他功课不好不表示他笨，主要是他不用功。
6. 正确：这种说法不正确。
7. 仍然：他休息了一星期，病仍然没好，看来他下星期还不能上班。
8. 之一：重庆是中国四个直辖市之一。
9. 几乎：爸爸近来工作很忙，几乎天天都加班。

17 根据你自己的情况回答下列问题

1. 你觉得中文在哪方面最难学？在哪方面比较容易学？
2. 你觉得怎样才能记住汉字？
3. 你觉得学汉语有意思吗？
4. 你以后想教语言吗？
5. 你会不会在大学里学一门新的外语？
6. 除了汉语以外，你有没有学过其他外语？

18 读一读，写一写

联合国

lián hé guó yú nián yuè rì zhèng shì chéng lì xiàn zài zhè yì
联合国于1945年10月24日正式成立，现在这一
tiān yǐ jīng chéng wéi lián hé guó rì měi nián quán shì jiè dōu qìng zhù zhè ge rì zi
天已经成为联合国日，每年全世界都庆祝这个日子。

mù qián lián hé guó yǒu ge huì yuán guó lián hé guó dà huì hěn xiàng
目前联合国有191个会员国。联合国大会很像
yí ge shì jiè yì huì měi ge guó jiā wú lùn dà xiǎo qióng fù dōu zhǐ yǒu yí
一个世界议会，每个国家无论大小穷富，都只有一
piào
票。

lián hé guó zǒng bù shè zài niǔ yuē dàn shì zhàn yǒu de tǔ dì hé jiàn
联合国总部设在纽约，但是占有的土地和建
zhù wù dōu shì guó jì lǐng tǔ lián hé guó bù jǐn yǒu zì jǐ de qí zhì ér
筑物都是国际领土。联合国不仅有自己的旗帜，而
qiě hái yǒu zì jǐ de yóu jú hé yóu piào lián hé guó shǐ yòng de zhèng shì yǔ
且还有自己的邮局和邮票。联合国使用的正式语
yán yǒu liù zhǒng ā lā bó wén zhōng wén yīng wén fǎ wén é wén hé
言有六种：阿拉伯文、中文、英文、法文、俄文和
xī bān yá wén ōu zhōu de lián hé guó zǒng bù shè zài ruì shì rì nèi wǎ de wàn
西班牙文。欧洲的联合国总部设在瑞士日内瓦的万
guó gōng lián hé guó de zuì gāo guān yuán jiào mì shū zhǎng
国宫。联合国的最高官员叫秘书长。

词语解释：

1. zhèng shì 正式 formal; official
2. chéng lì 成立 found; establish
3. chéng wéi 成为 become; turn into
4. qìng zhù 庆祝 celebrate
5. mù qián 目前 at present
6. huì yuán 会员 member
7. yì huì 议会 parliament; congress
8. qióng 穷 poor
9. zǒng bù 总部 headquarter
10. guó jì 国际 international
11. lǐng tǔ 领土 territory
12. qí zhì 旗帜 banner; flag
13. yóu piào 邮票 stamp
14. ā lā bó wén 阿拉伯文 Arabic (language)
15. guān yuán 官员 official
16. mì shū zhǎng 秘书长 secretary-general

根据上文回答下列问题：

1. 联合国成立于哪年？
2. 联合国一共有多少个会员国？
3. 联合国除了有自己的旗帜以外，还有什么？
4. 联合国使用的正式语言有几种？
5. 联合国的最高官员叫什么？
6. 联合国的总部设在哪儿？

作文：介绍欧洲共同体，内容包括：

—什么时候成立
—总部在哪儿
—多少个成员国
—起什么作用
—最高官员叫什么

阅读(二) 聪明的阿凡提

1 根据课文回答下列问题

1. 阿凡提的老家在哪儿？
2. 当时为什么每个人都怕皇帝？
3. 皇帝问了阿凡提几个问题？哪几个问题？
4. 阿凡提有没有直接回答皇帝的问题？

2 词汇扩展

① 满 mǎn
- 满脸 mǎn liǎn
- 满身 mǎn shēn
- 满脑子 mǎn nǎo zi
- 满分 mǎn fēn
- 满城风雨 mǎn chéng fēng yǔ
- 满头大汗 mǎn tóu dà hàn
- 美满 měi mǎn
- 满足 mǎn zú
- 满意 mǎn yì
- 满心欢喜 mǎn xīn huān xǐ
- 自满 zì mǎn
- 不满 bù mǎn
- 圆满 yuán mǎn

② 派 pài
- 派对 pài duì
- 派出所 pài chū suǒ
- 公派 gōng pài
- 乐天派 lè tiān pài

3 造句(至少选三个词语)

1. 敢：他晚上不敢一个人在家。
2. 问题：这个问题我不能回答。
3. 聪明：我弟弟挺聪明的。
4. 如果：如果你现在没空，我下午再打电话给你。
5. 不然：快关上空调，不然的话饭菜都凉了。
6. 相信：他不相信我说的话。

4 解释下列词语(注意带点的字)

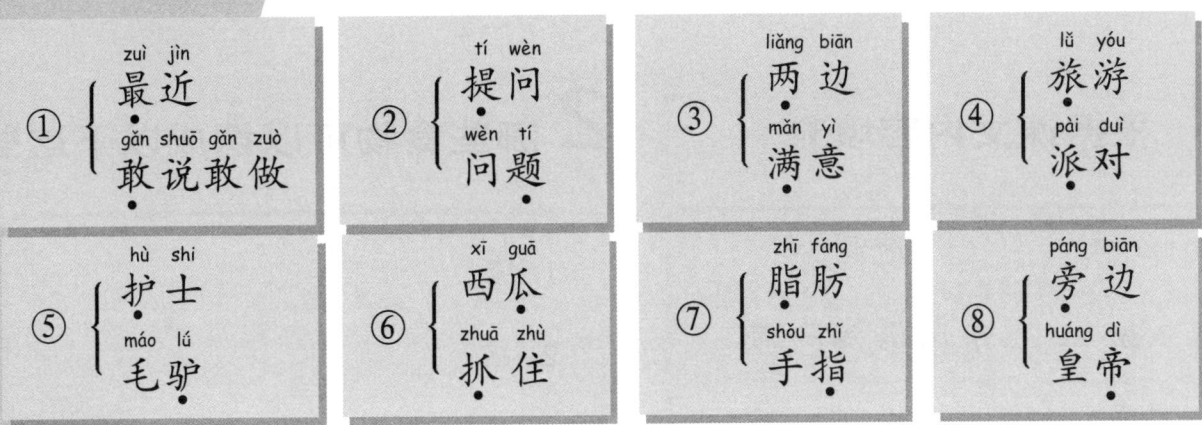

5 配对

1. 车水马龙 (chē shuǐ mǎ lóng)
2. 春风得意 (chūn fēng dé yì)
3. 可想而知 (kě xiǎng ér zhī)
4. 大手大脚 (dà shǒu dà jiǎo)
5. 耳聪目明 (ěr cōng mù míng)
6. 得心应手 (dé xīn yìng shǒu)
7. 耳目一新 (ěr mù yì xīn)
8. 举世无双 (jǔ shì wú shuāng)

a. 听觉、视觉都好
b. 马路上车很多,很热闹
c. 很会花钱,一点儿都不节约
d. 全世界没有第二个
e. 心里怎么想,手里就能怎么做
f. 像春天的和风,心里非常得意
g. 可以想像得出
h. 听到、看到的都变了样,感到新鲜

6 翻译

俗话说:"女儿等于半个贼",这意思是说大部分女儿都很顾娘家,就是结了婚还时常把东西拿回家。阿凡提的妻子就是个典型的"好女儿"。不管家里有什么好吃的或者有其他好东西,阿凡提的妻子总是要带一些给她妈,阿凡提看在眼里,气在心里,但是嘴上却不好说什么。有一次,一个远方的朋友来看阿凡提,顺便送给他一条漂亮的壁毯。阿凡提只是看着地毯,一句话也不说。阿凡提的妻子急了,对阿凡提说:"你赶快说一句谢谢,然后把礼物收下。"阿凡提说:"这句感谢的话得由你妈来说。"

第三课　中国饭菜

1 根据课文内容填充

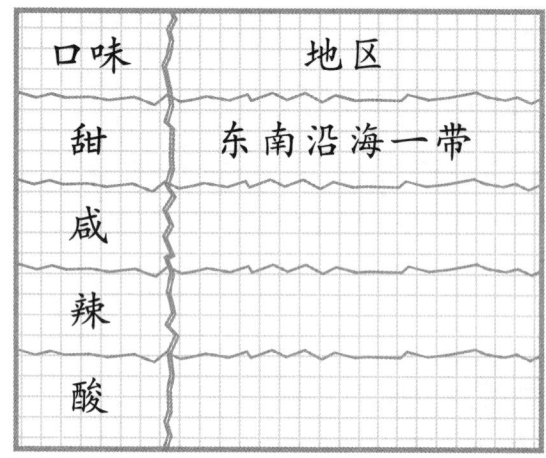

口味	地区
甜	东南沿海一带
咸	
辣	
酸	

2 哪些食物可以切成以下这些形状

1. 块
2. 丝
3. 条
4. 片
5. 丁

3 以下食物可以有哪几种做法？在空格里打 ✓

食物＼做法	煎	烤	煮	烧烤	蒸	炒	炸
鱼	✓	✓	✓	✓	✓		✓
虾							
鸡蛋							
牛肉							
土豆							
豆腐							
饺子							
香肠							
鸡							
玉米							

4 阅读理解

早餐

早餐是一日三餐中最重要的。要想使大脑正常工作，体内的血糖就一定要保持在正常的水平。如果不吃早饭，血糖就会下降，人的注意力就会不集中，思维也会慢下来。

吃什么样的早餐才能使血糖保持在正常的水平呢？营养专家认为早餐的食物应该含有蛋白质、脂肪和碳水化合物。这样的食物会为脑细胞提供足够的营养，才会满足一个人工作和学习的需要。

词语解释：
1. 正常 zhèng cháng normal
2. 血糖 xuè táng blood sugar
3. 保持 bǎo chí keep; maintain
4. 下降 xià jiàng descend; drop; fall
5. 注意(力) zhù yì lì attention
6. 集中 jí zhōng concentrate
7. 思维 sī wéi thought; thinking
8. 专家 zhuān jiā expert; specialist
9. 细胞 xì bāo cell
10. 提供 tí gòng provide
11. 足够 zú gòu enough
12. 满足 mǎn zú satisfy

根据上文回答下列问题：

1. 一日三餐中哪一餐最重要？
2. 如果不吃早餐，人会有什么反应？
3. 早餐最好含有哪几种营养成分？
4. 为什么要吃有营养的早餐？

5 读一读，写一写

三明治的做法：

把生菜洗干净，切成条，把西红柿切成片。煮一个鸡蛋，切片，然后把火腿肉、西红柿、生菜、鸡蛋一起放在两片面包中间。

该你了！

沙拉的做法：
原料：黄瓜、生菜、西红柿、胡萝卜、鸡蛋、玉米罐头
做法：

6 解释下列词语(注意带点的字)

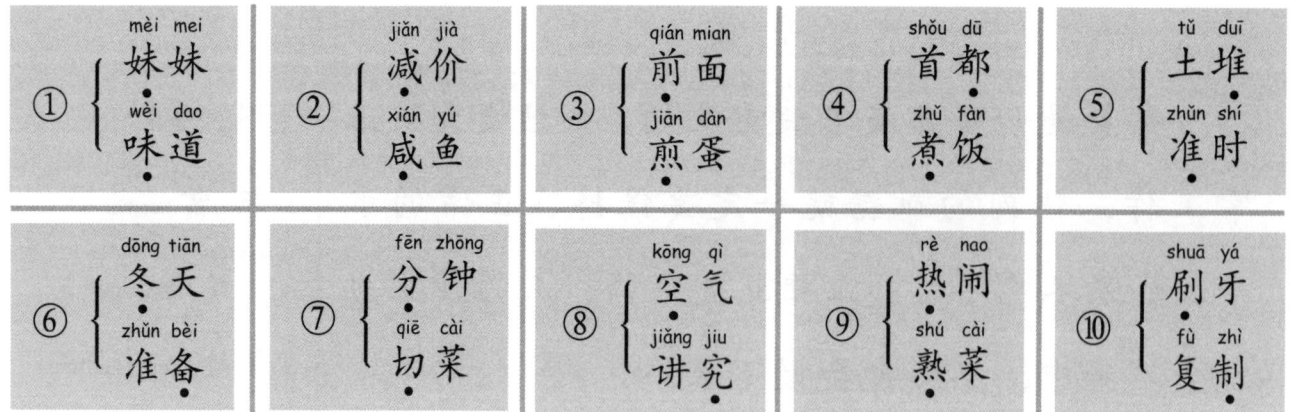

7 填充

中国是豆腐的故____。后来豆腐慢慢流传到日本、新加坡、美国等世____各地，被人____称为中国的"国菜"。

豆腐有____几种：有水豆腐、豆腐干、嫩豆腐、老豆腐，____有豆浆、豆腐皮等。豆腐很便____，但营____很丰富，适____各种年龄的人吃。2,000多年来，中国人用豆腐做出的各种风味菜就有400多种。豆腐在中国人的饮____中的确占有很重____的地位。

8 写出两个含有以下偏旁部首的字(学过的字)

1. 禾　和　种　____　____
2. 讠　说　话　____　____
3. 氵　河　江　____　____
4. 灬　热　煮　____　____
5. 忄　怕　怪　____　____
6. 艹　花　草　____　____
7. 竹　筷　笑　____　____
8. 口　叫　号　____　____
9. 亻　体　们　____　____
10. 刂　别　刻　____　____

9 动手做做看

凉拌黄瓜

黄瓜切成条，用少许盐腌30分钟，把水倒掉，装在盘子里，然后加白糖、醋、酱油和香油。

瘦肉粥

瘦肉切成片，用盐、酒、姜丝、葱花、淀粉腌半个小时。米放进锅，加水煮45分钟，然后把肉片倒入粥中，再煮大约5分钟，最后放入胡椒粉、香油和葱花。

查字典：

1. 拌 bàn
2. 少许 shǎo xǔ
3. 腌 yān
4. 香油 xiāng yóu
5. 姜丝 jiāng sī
6. 葱花 cōng huā
7. 淀粉 diàn fěn
8. 锅 guō
9. 入 rù
10. 胡椒粉 hú jiāo fěn

10 造句(至少选四个词语)

1. 习惯：我在香港住了两年了，仍然不习惯这里的气候。
2. 准备：午饭准备好了，吃饭吧！
3. 由于：由于他平时学习努力，所以他考进了一所美国名校。
4. 讲究：他穿衣服很讲究，品味很高。
5. 事先：如果你想来我家住，事先打个电话给我，我可以把房间准备好。
6. 简单：他简单地说了一下这个菜的做法，我就开始动手做了。
7. 因此：她在炒菜前做足了准备工作，因此在半个小时之内就做好了五个菜。
8. 离不开：北方人做菜一般离不开酱油，每个菜看上去都黑乎乎的。

11 通过偏旁部首查字典

例子：
- 醋 vinegar
- 醒 regain consciousness; wake up

① 箭 _____
　 笼 _____

② 煮 _____
　 烹 _____

③ 蒸 _____
　 芹 _____

④ 制 _____
　 削 _____

⑤ 惯 _____
　 怀 _____

⑥ 粉 _____
　 粗 _____

⑦ 淡 _____
　 沏 _____

⑧ 究 _____
　 穷 _____

12 翻译

1. 中国还不算是一个很富有的国家。
2. 我们应该事先派一个人去看看那家饭店的菜单。
3. 这家新开的日本饭店很特别，单单寿司就有十几种。
4. 孩子们，准备好了吗？我们马上就要出发了。
5. 这个地区的饭菜以辣为主，有的菜也实在太辣了。
6. 你做的糖醋小排骨味道鲜美，很有特色。
7. 他简单地说了说今天的日程安排。
8. 我奶奶能用面粉做出十几种点心。

13 阅读理解

中国菜

中国菜举世闻名。从明朝、清朝起,中国菜就形成了不同菜系,其中比较有名的是山东、四川、江苏、浙江、广东、福建、湖南、安徽"八大菜系"。

川菜的主要特点是麻、辣,其中"麻婆豆腐"很有名。广东(粤)菜制作精巧、花样繁多,仅蛇的作法就有几十种。人们通常说的上海菜,实际上指的是江苏菜系。江苏菜的特点是清淡,做出来的菜比较甜,注重色彩的搭配。

总的来说,中国菜讲究色、香、味。很多外国人也喜欢吃中国菜,几乎在世界上每一个大城市都有中国餐馆。

词语解释:

1. 举世闻名 world-famous
2. 形成 take shape; form
3. 特点 characteristic; feature
4. 麻 tingling; numb
5. 制作 make; manufacture
6. 精巧 exquisite
7. 注重 emphasize
8. 搭配 arrange in pairs or groups; collate

根据上文判断正误:

☐ 1) 中国菜分为九大菜系。

☐ 2) 四川菜的特点是咸。

☐ 3) 粤菜就是指的广东菜。

☐ 4) 中国菜只讲究色彩的搭配。

☐ 5) 上海菜比较清淡。

☐ 6) 广东人吃蛇肉。

14 词汇扩展

① 熟 shú
- 半生不熟 bàn shēng bù shú
- 熟能生巧 shú néng shēng qiǎo
- 熟门熟路 shú mén shú lù
- 熟食 shú shí
- 熟菜 shú cài
- 熟人 shú rén
- 熟识 shú shi
- 熟睡 shú shuì
- 熟字 shú zì

② 粉 fěn
- 奶粉 nǎi fěn
- 花粉 huā fěn
- 米粉 mǐ fěn
- 通心粉 tōng xīn fěn
- 漂白粉 piǎo bái fěn
- 粉笔 fěn bǐ
- 粉盒 fěn hé
- 粉红 fěn hóng
- 粉刷 fěn shuā
- 粉丝 fěn sī

③ 制 zhì
- 制定 zhì dìng
- 制度 zhì dù
- 制作 zhì zuò
- 制片厂 zhì piàn chǎng
- 制品 zhì pǐn
- 制图 zhì tú
- 制药 zhì yào
- 制造 zhì zào
- 制造业 zhì zào yè
- 制造商 zhì zào shāng

④ 味 wèi
- 风味 fēng wèi
- 风味小吃 fēng wèi xiǎo chī
- 品味 pǐn wèi
- 气味 qì wèi

⑤ 咸 xián
- 咸菜 xián cài
- 咸蛋 xián dàn
- 咸肉 xián ròu
- 咸淡 xián dàn

⑥ 淡 dàn
- 淡水 dàn shuǐ
- 淡水鱼 dàn shuǐ yú
- 淡季 dàn jì

⑦ 蒸 zhēng
- 蒸饺 zhēng jiǎo
- 蒸发 zhēng fā
- 蒸汽 zhēng qì
- 蒸汽机 zhēng qì jī

⑧ 准 zhǔn
- 准确 zhǔn què
- 准时 zhǔn shí
- 准许 zhǔn xǔ
- 没准儿 méi zhǔnr

⑨ 讲 jiǎng
- 讲笑话 jiǎng xiào hua
- 讲价钱 jiǎng jià qian
- 讲课 jiǎng kè
- 讲座 jiǎng zuò
- 讲师 jiǎng shī
- 讲道理 jiǎng dào li
- 演讲 yǎn jiǎng

15 动手做做看

炒 面

原料:

		调味品:	
干面条	200克	菜油	两汤匙
洋葱（小）	一个	酱油	一茶匙
火腿肉	两片	盐	1/4茶匙
葱	三根	香油	一茶匙

查字典：

1. 原料 (yuán liào)
2. 洋葱 (yáng cōng)
3. 调味品 (tiáo wèi pǐn)
4. 菜油 (cài yóu)
5. 汤匙 (tāng chí)
6. 茶匙 (chá chí)
7. 捞 (lāo)

做法:

1. 将四饭碗清水放入锅里。水煮开后放入干面条，煮大约10分钟，然后把煮熟的面条捞起。
2. 将洋葱、火腿切成条，葱切成小段。
3. 在炒锅内放入两汤匙菜油，等油烧热以后放入洋葱。炒出香味后再加入火腿肉，然后放入1/4茶匙盐，再炒几下。
4. 把煮熟的面条放入炒锅，与洋葱、火腿肉一起炒几下。起锅前放入酱油、葱花和香油。

吃完后回答以下几个问题：

1. 味道怎么样？够咸吗？
2. 你做的面条够几个人吃？
3. 容易做吗？

该你了！

你自己做一个菜，并把步骤写出来。按照以下格式写：

菜名： 原料： 调味品：

做法：

16 翻译

1. 繁体字比简体字笔画多。
2. 这家店的桃子比那家的便宜多了。
3. 这个衣柜比那个贵200块钱。
4. 你比她更适合做这份工作。
5. 这个菜味道最好。
6. 你家的厨房比我家的大多了。
7. 这种鱼蒸着吃最好。

17 找反义词

1. 生 _____
2. 简单 _____
3. 咸 _____
4. 内陆 _____
5. 满 _____
6. 官方 _____
7. 简 _____
8. 曲 _____

繁	民间	沿海
空	单数	复杂
熟	直	淡	酸

18 填充

张　瓶
包　个
斤　头
盒　件
块　家
支　双
部　条
份　套
节　把

1. 一___电池
2. 一___商店
3. 一___长袖衬衫
4. 一___香水
5. 一___报纸
6. 一___竹篮子
7. 一___大灰象
8. 一___苹果
9. 一___巧克力
10. 一___铅笔
11. 一___吉他
12. 一___床
13. 一___西装
14. 一___裙子
15. 一___袜子
16. 一___电脑
17. 一___牙刷
18. 一___面粉
19. 一___酱油
20. 一___士兵
21. 一___问题
22. 一___箭
23. 一___国家
24. 一___礼物

19 读一读，写一写

香港——美食天堂

在香港吃东西很方便，酒楼、餐馆、快餐店、茶餐厅到处可见。无论你想吃什么风味的菜，在香港你都能找到。这里有法国饭店、印度饭店、日本料理、韩国料理，还有东南亚风味的饭店等等。

香港人习惯外出用餐，一般普通人家也常常去饭店吃饭。香港的生活节奏很快，因此快餐业十分发达。快餐有中式的，也有西式的。中式的快餐店有粥面店、茶餐厅等等。在这类店里吃一顿饭，大概花20块左右，你就可以吃到米饭套餐、各种汤面、饺子、馄饨、各种粥等。西式的快餐店有麦当劳、肯德基、日式快餐、三明治店等等。最受欢迎的要数麦当劳了，几乎每条主要街道上都会有一家麦当劳。尤其在周末、节假日，各个饭店里都挤满了人。香港真可算得上是"美食天堂"。

查字典：

1. 风味
2. 料理
3. 节奏
4. 顿
5. 大概
6. 馄饨
7. 欢迎
8. 尤其
9. 挤

根据上文回答下列问题：

1. 为什么香港有很多快餐店？
2. 在中式快餐店可以吃到什么？
3. 西式快餐店中，哪一家最受欢迎？
4. 麦当劳快餐店在哪儿可以找到？
5. 为什么说香港是一个"美食天堂"？

作文：介绍一家饭店，

内容包括：

— 店名
— 特色菜
— 价钱
— 店堂环境
— 服务质量

阅读(三) 木兰从军

1 根据课文回答下列问题

1. 木兰是个什么样的女孩子？
2. 木兰为什么替她父亲去当兵？
3. 木兰在边疆打了多少年的仗？
4. 打完仗后，木兰去了哪里？

2 解释下列词语(注意带点的字)

① 日记 / 年纪
② 乒乓球 / 当兵
③ 夫妇 / 代替
④ 汽车 / 军队
⑤ 丈夫 / 打仗
⑥ 扮演 / 粉红色
⑦ 部门 / 陪伴
⑧ 思想 / 相信

3 配对

1. 反复无常
2. 古为今用
3. 黑白分明
4. 后会有期
5. 花好月圆
6. 欢天喜地
7. 活龙活现
8. 货真价实

a. 古代的东西可以为今天所用
b. 经常变
c. 欢乐、高兴
d. 好的、坏的分得很清楚
e. 货物质量好，价格也公道
f. 很生动，像真的一样
g. 以后还会有见面的日子
h. 美好、圆满

4 词汇扩展

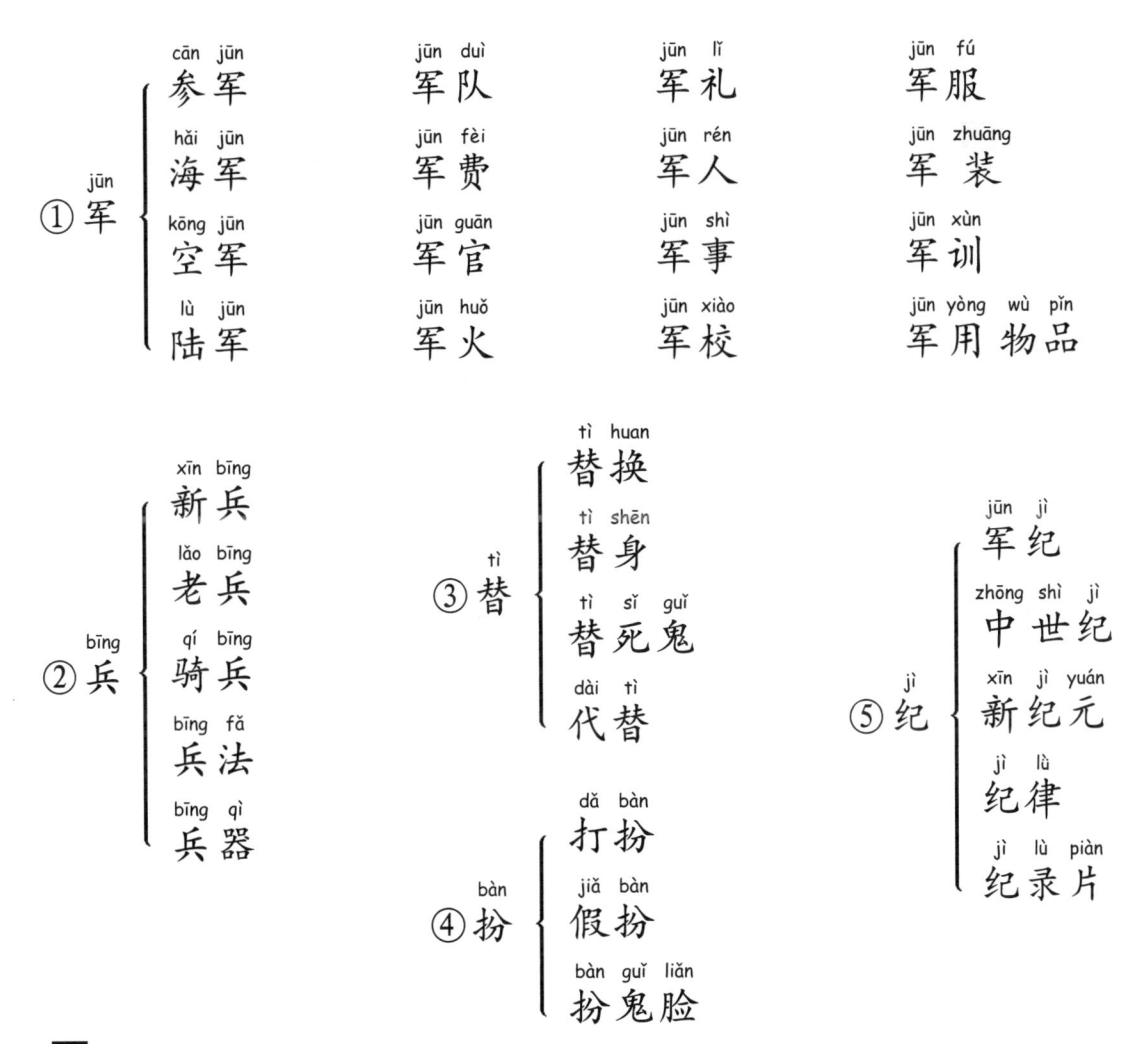

① 军 (jūn)
- 参军 cān jūn
- 海军 hǎi jūn
- 空军 kōng jūn
- 陆军 lù jūn
- 军队 jūn duì
- 军费 jūn fèi
- 军官 jūn guān
- 军火 jūn huǒ
- 军礼 jūn lǐ
- 军人 jūn rén
- 军事 jūn shì
- 军校 jūn xiào
- 军服 jūn fú
- 军装 jūn zhuāng
- 军训 jūn xùn
- 军用物品 jūn yòng wù pǐn

② 兵 (bīng)
- 新兵 xīn bīng
- 老兵 lǎo bīng
- 骑兵 qí bīng
- 兵法 bīng fǎ
- 兵器 bīng qì

③ 替 (tì)
- 替换 tì huàn
- 替身 tì shēn
- 替死鬼 tì sǐ guǐ
- 代替 dài tì

④ 扮 (bàn)
- 打扮 dǎ bàn
- 假扮 jiǎ bàn
- 扮鬼脸 bàn guǐ liǎn

⑤ 纪 (jì)
- 军纪 jūn jì
- 中世纪 zhōng shì jì
- 新纪元 xīn jì yuán
- 纪律 jì lǜ
- 纪录片 jì lù piàn

5 哪个字正确

1. 奶奶吃东西口味很<u>清／晴</u>淡，做菜时只放一点点<u>蓝／盐</u>。

2. 舅舅吃饭时喜欢在菜里加<u>醋／酸</u>。

3. 他学了三年汉语了，只会读<u>拼／饼</u>音，不会认汉字。

4. 上海是中国的金<u>隔／融</u>中心。

5. 这个字我学过三次了，<u>仍／扔</u>然记不住它的意思。

6. 他每天早饭吃两个<u>箭／煎</u>鸡蛋。

7. 我爸爸做的菜<u>简／间</u>直没法吃，味道怪怪的，难吃极了。

8. 姐姐喜欢我<u>部／陪</u>她去买东西，因为我可以帮她出出主意。

第一单元 复习、测验

1 解释下列词语

1 名词

面积	平方公里	民族	省份	自治区	政治	直辖市
行政区	经济	工业	农业	金融	岛屿	官方
联合国	文章	读音	拼音	声调	语法	简体字
繁体字	句子	大意	味道	特色	地区	面粉
习惯	豆制品	口味	盐	酱油	箭	首领
段	问题	毛驴	胡子	年纪	边疆	将军
士兵	醋	全称	中心	时期	总数	发音

2 动词

超过	占	划分	懂	表达	表示	由……组成
煎	蒸	煮	准备	切	离开	训
折断	扔掉	派	相信	从军	打仗	替
陪	立功	敢	用力	剩下		

3 形容词

沿海	将近	几乎	正确	通用	简单	咸 辣
清淡	强大	能干	常用	鲜美	讲究	

4 副词

仍然	事先	转眼	分别	可见	简直	也许

5 连词

由于	无论	不然	因此

6 短语

花样繁多	满不在乎	女扮男装

2 查字典，解释下列词语

1. 富强 _____
2. 中断 _____
3. 扔下 _____
4. 军官 _____
5. 题目 _____
6. 满足 _____
7. 吃醋 _____
8. 代替 _____
9. 装扮 _____

3 翻译

1. 无论他怎么努力，他体育考试总是不及格。
2. 今天剩下的饭菜不多了，我帮你去煮一碗面吧。
3. 外面电闪雷鸣，风雨交加，我不敢一个人出去。
4. 我爷爷病了，妈妈陪他去看医生了。
5. 他为我做的一切使我深受感动。
6. 世界人口已经超过了60亿。

4 参考中国地图，判断正误

☐ 1) 山西省在河南省的北面，河北省的西面。
☐ 2) 黑龙江省是中国最北边的一个省份。
☐ 3) 新疆自治区在中国的西北部。
☐ 4) 海南岛是中国第二大岛。
☐ 5) 南京市是江苏省的省会。
☐ 6) 北京位于山东省。

5 根据你自己的情况回答下列问题

1. 中国的内陆城市你知道哪几个？（至少写四个）
2. 中国的沿海城市你知道哪几个？（至少写四个）
3. 中国的人口有多少？哪个民族人口最多？
4. 北京在哪个省？
5. 西藏在哪儿？西藏是不是一个省？
6. 中国有哪两个特别行政区？
7. 中国的官方语言是什么？
8. 汉语拼音有几个声调？
9. 你从什么时候开始使用汉语字典的？什么时候用得最多？
10. 你喜欢吃面食还是米饭？
11. 你常吃蒸、煮的食物，还是煎、炸的食物？
12. 你长大后想当兵吗？想当陆军、海军还是空军？

6 根据常识判断正误

☐ 1) 四川菜以甜而出名。
☐ 2) 鱼和肉一定都要煮熟了才能吃。
☐ 3) 煮鸡汤要放酱油、醋、糖、葱、姜等作料。
☐ 4) 做清淡的菜一般都不放酱油，少放些盐，放一点点糖。
☐ 5) 做中国菜事先要做很多准备工作，例如洗菜、切菜等。
☐ 6) 大部分中国的南方人习惯吃饺子、面条等面食，而北方人喜欢吃米饭。

7 阅读理解

在历史、地理和文化上，韩国跟中国有着紧密的关系。朝鲜族人最初没有自己的文字，一直用汉字。不过，因为汉字太复杂，所以大部分平民都不会书写和阅读。后来，他们自己创造了一套简单的文字，叫"谚文"。谚文共有二十八个拼音字母，包括十个母音和十四个子音，这样就可以拼写汉字的发音和朝鲜本族的语言了。

在亚洲，住在日本、韩国、新加坡、泰国、马来西亚、印度尼西亚的华人都使用汉字。由于这些华人游客和中国游客不懂谚文，在旅行中给游客带来很多不便。1999年初韩国政府（金大中）决定所有人名、地名、历史用语都用两种语言表示（汉字及谚文）。但有些人士反对政府这么做，因为他们担心今后谚文会成为不重要的文字。

根据上文回答下列问题：

1. 朝鲜族人最初为什么使用汉字？
2. "谚文"是什么？
3. 除了中国以外，还有哪些国家的华人使用汉字？
4. 1999年韩国政府为什么决定用汉字和谚文表示人名、地名及历史用语？

解释下列词语：

1. 关系
2. 复杂
3. 创造
4. 平民
5. 不便
6. 担心

第二单元 旅游

第四课 香港、澳门游

1 回答下列问题

1 民航机场管理建设费
人民币 伍拾圆整 50 圆
旅客联(报销凭证)

2 61728
中巴专线
贰元
1 8 15
2 9 16
3 10 17
4 11 18
5 12 19
6 13 20
7 14 21

3 上海空港巴士有限公司
公交车票
叁元
工商号：3102251012460
税号：310225630487087
电话：62688899-48660

4 上海地铁运营有限公司
定额车票
发票专用章
人民币：肆元
工商登记号：150157600
地税沪字 310047703050549
E 7363951

5 上海强生控股股份有限公司
SHANGHAIQIANGSHENGHOLDINGCO.LTD
车费发票
FARE RECEIPT
车号　　970-68·866433
证号　　157631
日期　　2002.8.7
上/下车　15.19-15.40
单价（元）　2.00
里程（km）　7.3
等候　　0.10
路桥费（元）————
总金额（元）　23.00

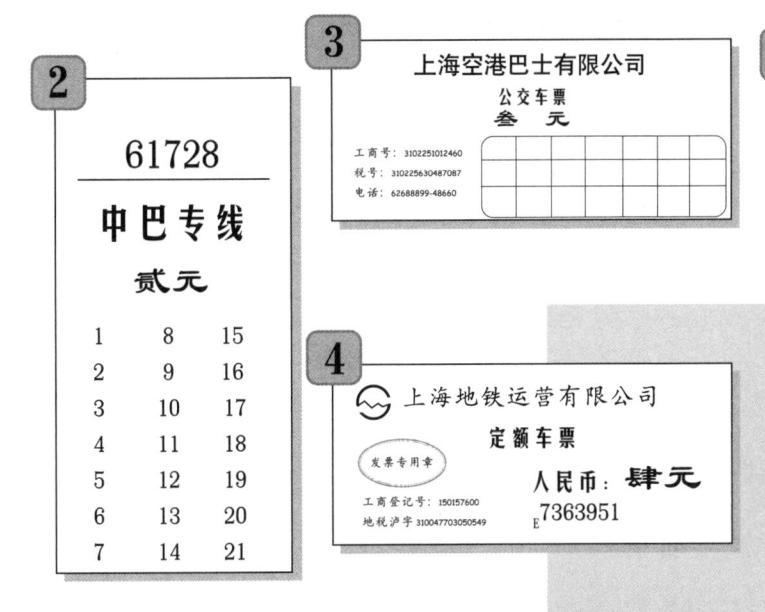

6 火烈鸟售票系统
国泰电影院
CATHAY THEATRE
上海淮海中路870号 T: 54040415 54032980
厅名 HALL NAME 大厅　座位 SEAT 15排18号　代号 NUMBER 双座
片名 FILM 天脉传奇
日期 DATE 2002年08月07日　时间 TIME 10:00　票价 PRICE 10.00元

7 登机牌　　中国东方航空
航班　CZ3591　　座位　7F　　经济舱
日期　八月二十九日　登机口　10
目的地　上海
姓名　王新平

1. 哪张发票是出租车发票？

2. 机场要收多少管理建设费？

3. 一张《天脉传奇》的电影票多少钱？

4. 在上海坐地铁要几块钱？

5. 王新平坐飞机去哪儿？

6. 一张中巴专线车票多少钱？

2 阅读理解

平安旅行社
中国长线团目录

P.1	北京四／五天游玩直航团	PSK04/05-SPC
P.2	北京、杭州、苏州、南京八天直航团	PSH08/PHSN
P.3	西安、华山五天团	XIA05/DLX
P.4	杭州、千岛湖、黄山八天团	HZ08/HQHS
P.5	上海美食购物五天直通车团	SH05/SHC
P.6	北京八天直航团	PJ05/SPC
P.7	西安、洛阳、少林寺八天直航团	XIA08/XLS
P.8	南京、无锡、苏州、上海、杭州七天直航团	NGH07/NSC
P.9	北京、上海六天美食游	PSH06/PSC
P.10	上海、水乡乌镇五天游	SHW05/SHC

根据上文回答下列问题：

1. 如果你想去北京旅游，你要看哪几页？

2. 哪一页介绍去上海旅游？

3. 西安团一共有几个？

4. 参加哪个团可以购物？

5. 如果想去杭州玩，是不是一定要去其他地方？

6. 如果你想去苏州玩，你应该看哪几页？

3 造句（至少用上其中的两个词）

1. 旅行社　安排　代办 → _____
2. 航空公司　班机　天天 → _____
3. 参观　购物　景点 → _____
4. 出发　住宿　日期 → _____
5. 乘　旅游　到达 → _____
6. 星级　设施　服务 → _____

4 阅读理解

澳门

在澳门40万人口中,华人占大多数,每100个人中就有96个华人、3个葡萄牙人及1个其他国籍的人。

澳门的气候高温、多雨,冬天不冷,从来都不会下雪,所以有利于植物的生长。近年来,澳门大兴绿化、美化环境,兴建了多处公园和旅游景点,其中一个景点是妈祖神像,它身高19.99米,花费了110万美元,是世界上最高的妈祖神像,怪不得每天吸引了四面八方的游客来参观。

根据上文判断正误:

☐ 1) 澳门人口中有30%是葡萄牙人。

☐ 2) 华人占澳门总人口的99%。

☐ 3) 澳门的花草树木比以前多了。

☐ 4) 澳门的气候适合植物生长。

☐ 5) 妈祖神像吸引了很多游客去澳门旅游。

☐ 6) 妈祖神像是近几年修建的。

词语解释:

1. 华人 huá rén Chinese
2. 大多数 dà duō shù great majority
3. 葡萄牙 pú táo yá Portugal
4. 国籍 guó jí nationality
5. 有利于 yǒu lì yú beneficial; favourable
6. 植物 zhí wù plant
7. 生长 shēng zhǎng grow
8. 大兴 dà xīng go in for sth. in a big way
9. 绿化 lǜ huà make a place green by planting trees, flowers, etc.
10. 美化 měi huà beautify
11. 兴建 xīng jiàn build; construct
12. 妈祖 mā zǔ legendary goddess of the sea
13. 神像 shén xiàng the picture or statue of a god or Buddha
14. 怪不得 guài bu de it's not surprising
15. 四面八方 sì miàn bā fāng all directions

5 查字典，解释下列词语

① zhí xiàn 直线 straight line / qiǎn sè 浅色 light colour

② qiān míng 签名 _____ / tǐ jiǎn 体检 _____

③ jiè shào 介绍 _____ / zhāo shēng 招生 _____

④ yuǎn háng 远航 _____ / jūn jiàn 军舰 _____

⑤ gōng zhèng 公证 _____ / bìng zhèng 病症 _____

⑥ gòu wù 购物 _____ / gōu tōng 沟通 _____

⑦ chéng zuò 乘坐 _____ / guāi qiǎo 乖巧 _____

⑧ guàng jiē 逛街 _____ / kuáng huān 狂欢 _____

⑨ xǐ shǒu jiān 洗手间 _____ / xuǎn chū 选出 _____

6 根据你自己的情况填表

姓名：（中文）_____（英文）_____		
出生日期：　年　月　日	出生地：	国籍：
住址：		电话号码：_____（住宅）
^^		_____（工作单位）
护照号码：_____		_____（手机）
签发日期及签发地：____ _____		传真号码：_____
^^		电子邮箱：_____
你以前有没有去过中国？		
你最近一次是什么时候去的？		
你这次去中国的理由：		
你这次去多长时间？		什么时候去？

7 阅读理解

金宝旅行社

香港九龙广东道银星大厦2座901室

电话：(852) 2573 1066

传真：(852) 2573 1067　　　　乘客姓名：吴远明

电子邮箱：goldtravel@hotmail.com　　票号：UA/CQ896

航班	出发	目的地	起飞	到达
美国联合航空公司 UA886 直航	香港 香港国际机场 波音747-400 经济舱	美国 纽约肯尼迪机场	9月3日 星期二 15:00	9月3日 21:00 *
美国联合航空公司 UA887 直航	美国 纽约肯尼迪机场 波音747-400 经济舱	香港 香港国际机场	12月21日 星期六 13:40	12月22日 21:40 *

*纽约时间与香港时间相差12小时

根据上文回答下列问题：

1. 吴远明哪天去美国？
2. 他去纽约用不用转机？
3. 从香港到纽约乘飞机要几个小时？
4. 吴远明乘坐哪个航空公司的班机？
5. 吴远明12月21日离开美国，哪天到达香港？
6. 如果吴远明想跟金宝旅行社联系，有哪几种办法？

8 配对

1. 分为　　　　a. 酒店
2. 折断　　　　b. 筷子
3. 表达　　　　c. 五个区
4. 使用　　　　d. 文章
5. 离开　　　　e. 签证
6. 看懂　　　　f. 名胜
7. 乘坐　　　　g. 谢意
8. 办理　　　　h. 直通车
9. 安排　　　　i. 简体字
10. 参观　　　　j. 活动

9 词汇扩展

① 社 shè
- 社会 shè huì
- 社团 shè tuán
- 社区（中心） shè qū zhōng xīn
- 社会科学 shè huì kē xué
- 报社 bào shè

② 航 háng
- 远航 yuǎn háng
- 通航 tōng háng
- 航海 háng hǎi
- 航空邮件 háng kōng yóu jiàn
- 航天飞船 háng tiān fēi chuán
- 航天火箭 háng tiān huǒ jiàn

③ 证 zhèng
- 证件 zhèng jiàn
- 证明 zhèng míng
- 证人 zhèng rén
- 证书 zhèng shū
- 出生证 chū shēng zhèng
- 工作证 gōng zuò zhèng

④ 线 xiàn
- 占线 zhàn xiàn
- 光线 guāng xiàn
- 毛线 máo xiàn
- 天线 tiān xiàn
- 热线 rè xiàn
- 直线 zhí xiàn
- 针线包 zhēn xiàn bāo
- 线路 xiàn lù

⑤ 软 ruǎn
- 软件 ruǎn jiàn
- 软盘 ruǎn pán
- 软糖 ruǎn táng

⑥ 乘 chéng
- 乘法 chéng fǎ
- 乘客 chéng kè
- 乘务员 chéng wù yuán
- 乘坐 chéng zuò

⑦ 际 jì
- 实际 shí jì
- 无边无际 wú biān wú jì

⑧ 景 jǐng
- 夜景 yè jǐng
- 风景 fēng jǐng
- 全景 quán jǐng
- 远景 yuǎn jǐng
- 前景 qián jǐng
- 外景 wài jǐng
- 好景不长 hǎo jǐng bù cháng
- 景观 jǐng guān
- 景色 jǐng sè

⑨ 街 jiē
- 大街 dà jiē
- 街头 jiē tóu
- 街道 jiē dào
- 街灯 jiē dēng
- 街市 jiē shì
- 街心公园 jiē xīn gōng yuán

⑩ 签 qiān
- 签名 qiān míng
- 签字 qiān zì
- 书签 shū qiān
- 牙签 yá qiān

⑪ 介 jiè
- 介绍人 jiè shào rén
- 介绍信 jiè shào xìn
- 介意 jiè yì

⑫ 购 gòu
- 购买 gòu mǎi
- 购物中心 gòu wù zhōng xīn
- 邮购 yóu gòu

10 阅读理解

海南岛（温泉+美食）

4/5天游乐团　天天出发

乘坐南方航空公司班机

$2,599起

- 住宿五星级温泉酒店（两晚）、三亚度假村（一晚）
- 品尝时令鲜果、南山素食、全鸭宴、全鱼宴
- 享受中式温泉按摩

深圳（动感之旅三天游）

出发日期：逢星期一、三、五（乘火车）

$669起

- 游玩热卖景点——欢乐谷、世界之窗、民俗文化村
- 购物

查字典：

1. 温泉 wēn quán hotsprings
2. 全程 quán chéng to & fro
3. 度假村 dù jià cūn holiday village
4. 品尝 pǐn cháng taste disease
5. 时令 shí lìng seasonal/weather fruit
6. 素食 sù shí vegetarian
7. 宴 yàn party/dinner
8. 享受 xiǎng shòu enjoy
9. 按摩 àn mó massage
10. 逢 féng every
11. 谷 gǔ valley
12. 村 cūn village

根据上文判断正误：

☑ 1) 去海南岛要坐飞机。

☒ 2) 去海南岛的旅行团全程都住在温泉酒店。

☒ 3) 去海南岛的团每星期一出发。

☑ 4) 去深圳不用坐飞机。

☒ 5) 去深圳的旅行团可以吃到全鸭宴。

☑ 6) 去深圳旅游还可以购物。

11 解释下列词语（注意带点的字）

① 肚子 / 社会
② 金钱 / 占线
③ 游船 / 航空
④ 喜欢 / 软卧
⑤ 乘坐 / 剩下
⑥ 答应 / 签证
⑦ 政治 / 身份证
⑧ 步行 / 街道
⑨ 介意 / 世界
⑩ 介绍 / 照相机
⑪ 景色 / 电影
⑫ 门票 / 国际

12 造句（至少选五个词语）

1. 线： 乘京广线火车，从北京可以直达广州。
2. 航空： 小方是中国南方航空公司的空姐。
3. 国际： 汉城是一个国际大都市。
4. 出发： 我们明天早上八点出发，坐11:15的飞机去西安。
5. 乘： 我每天乘校巴上学。
6. 到达： 我到达马尼拉后会打电话给你。
7. 签证： 我每次去中国都要办签证，因为我拿的是加拿大护照。
8. 逛街： 她最喜欢逛街买东西。
9. 介绍： 请你介绍一下你的学校。
10. 参观： 我昨天跟着旅行团参观了上海歌剧院。

13 读一读，写一写

日本 → 杭州、上海、苏州、南京五天游

团号 NSK05

— 第一天乘坐日本航空公司的班机前往杭州，住在五星级香格里拉酒店。

— 第二天乘游船游览西湖，品尝杭州风味佳肴：西湖醋鱼、龙井虾仁等。晚上乘旅游巴士去上海，住宿于上海假日酒店（在上海住两晚）。

— 第三天游览上海浦东新区（东方明珠、世纪大道）和外滩，还有足够时间在南京路和淮海路逛街、购物。

— 第四天在酒店吃完早餐后乘坐旅游巴士去苏州，参观寒山寺、留园等著名园林。晚上开车去南京，住在中山大酒店。

— 第五天参观南京长江大桥、中山陵等著名景点。当晚乘坐日本航空公司的班机返回日本。

查字典：

1. 游览 yóu lǎn
2. 佳肴 jiā yáo
3. 湖 hú
4. 虾仁 xiā rén
5. 明珠 míng zhū
6. 世纪 shì jì
7. 著名 zhù míng
8. 桥 qiáo
9. 陵 líng

根据上文回答下列问题：

1. 他们哪天有时间去逛街买东西？
2. 他们在哪儿可以坐游船游览？
3. 哪个地方有寺庙？
4. 他们在哪个城市住两晚？
5. 他们乘坐哪家航空公司的飞机？
6. 他们从哪儿回日本？
7. 他们在哪儿可以吃到鱼虾？
8. 南京有什么景点？

作文： 从你的国家或地区出发，设计一个去欧洲五国的十天旅行团，内容包括：

— 日期、航班
— 食宿安排
— 费用（旅费加小费）
— 行程安排（景点、欧洲内陆交通工具）
— 注意事项（护照、签证、天气、货币、语言等）

14 读一读，写一写

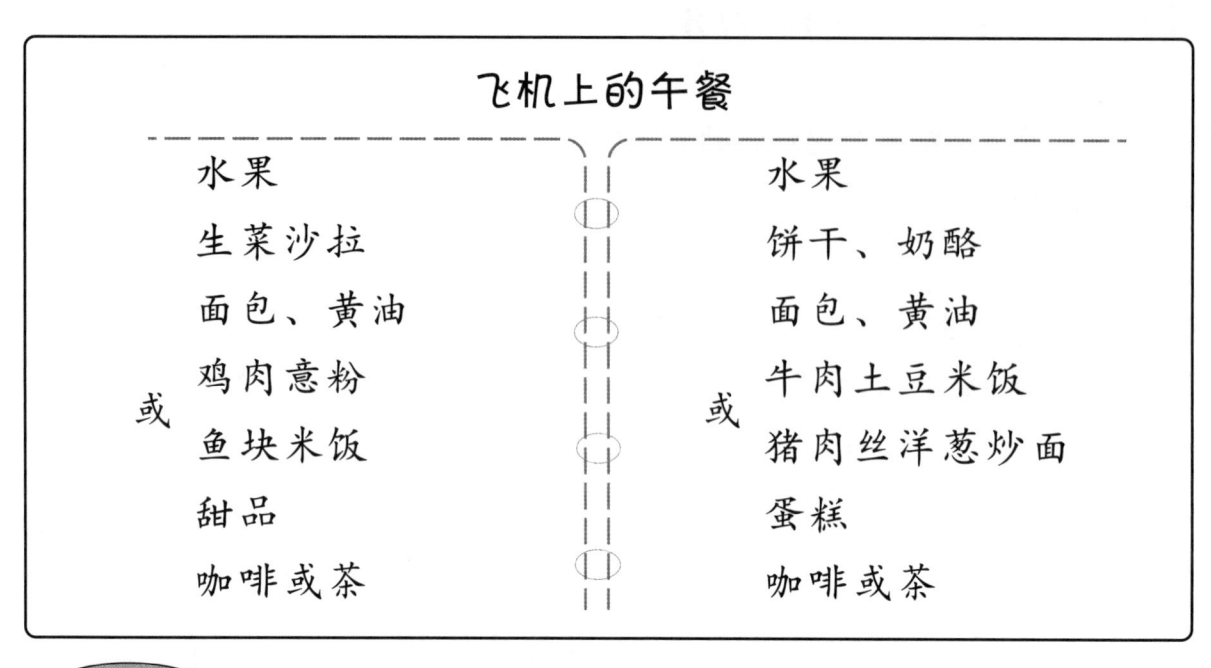

```
            飞机上的午餐
    水果                    水果
    生菜沙拉                 饼干、奶酪
    面包、黄油               面包、黄油
或  鸡肉意粉             或  牛肉土豆米饭
    鱼块米饭                 猪肉丝洋葱炒面
    甜品                    蛋糕
    咖啡或茶                 咖啡或茶
```

该你了！ 你自己设计一个飞机上的午餐。

15 填充

香港的衣、食、住、行

香港_____全球最大的服装生产地，服装式样多，又好_____便宜。在香港吃东_____很方便，不_____有从中国大陆运来的鸡、鸭、鱼、蛋、蔬菜和水果等，而且还_____来自世界各地的食品。各种酒店、餐馆很多，因为很多普通人家也经_____去饭店吃饭。过去，中、下层的香港市民住房条件比_____差，自从政府建造了很多公屋以后，现在大部_____香港人的住房条件比以前好多了。香港的公共交_____设施很好，有地铁、公共汽车、小巴、电车、火车和出租车，到什么地方去都很方_____。

16 读一读，写一写

亲爱的爸爸、妈妈：

你们好！

今天是我在杭州的第一天。在酒店吃过早餐后，我们就出发去游西湖了。西湖位于杭州城西面，面积为5.6平方公里。我们乘游船欣赏了西湖的十大美景，西湖确实很美：湖的两岸长着柳树、桃树，还有各种花草。游完西湖，我们乘车去岳王庙，参观了岳飞墓，导游还向我们介绍了岳飞这个历史人物。然后我们乘车去了龙井村，参观了龙井茶叶的制作过程，我还品尝了中国名茶——龙井茶，这里的龙井茶很新鲜，味道清香可口，有淡淡的苦味。离开龙井村之前，我还买了两罐龙井茶，带回来给你们尝尝。

我们明天就要坐火车去上海，到时我再给你们写明信片。

祝好！

小军

2002年4月6日于杭州

词语解释：

1. 欣赏 xīn shǎng appreciate
2. 确实 què shí really; indeed
3. 柳树 liǔ shù willow
4. 岳王庙 yuèwángmiào Yue Fei Temple
5. 岳飞墓 yuè fēi mù Yue Fei's tomb
6. 导游 dǎo yóu guide
7. 过程 guò chéng process
8. 清香 qīng xīng delicate fragrance
9. 可口 kě kǒu tasty
10. 明信片 míng xìn piàn postcard

作文：一次旅游经历，内容包括：
— 你去哪儿旅游了
— 你是怎么去的，跟谁一起去的
— 你在那儿住了几天，住在哪儿
— 参观了哪几个地方
— 吃了什么，买了什么
— 你对这个地方的印象怎么样

阅读(四)　三个和尚

1 根据课文回答下列问题

1. 小和尚渴了，庙里有没有水？他去哪里挑水了？
2. 瘦和尚来到庙里，小和尚让他住下了吗？
3. 瘦和尚渴了，谁去挑水了？
4. 胖和尚是不是也想在庙里住下来？
5. 那天晚上庙里发生了什么事？
6. 最后他们是怎样把火扑灭的？

2 造句(至少选三个词语)

1. 要求：学校要求每个学生一定要做一种课外活动。
2. 答应：妈妈答应我，如果我这次中学会考拿到全A，我就可以去欧洲旅行十天。
3. 肯：哥哥不肯跟我一起去打网球。
4. 吵架：他们兄弟俩关系很好，很少吵架。
5. 抬：这张桌子太重了，我们两个人根本就抬不起来。

3 解释下列词语(注意带点的字)

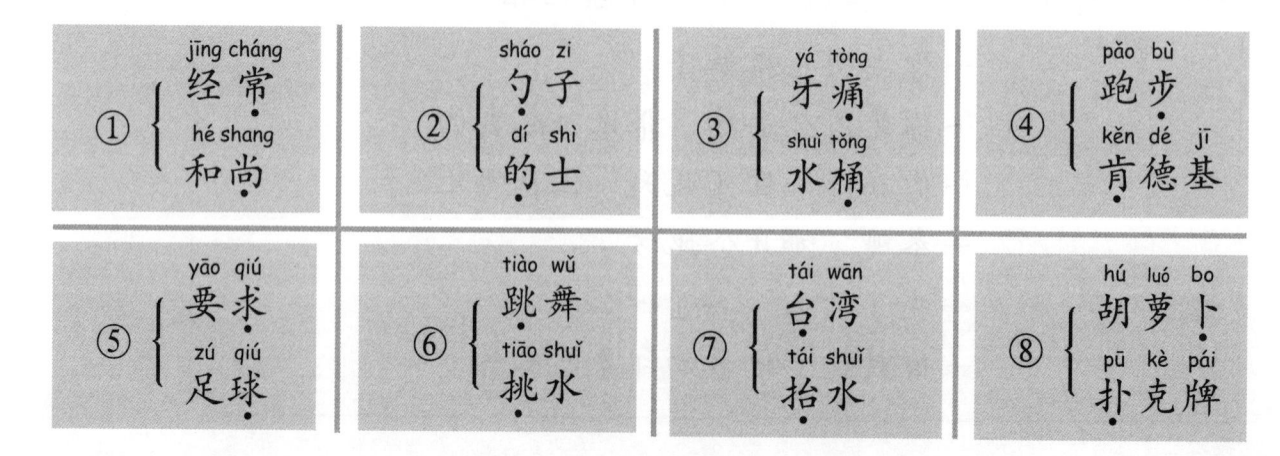

① jīng cháng 经常 / hé shang 和尚
② sháo zi 勺子 / dí shì 的士
③ yá tòng 牙痛 / shuǐ tǒng 水桶
④ pǎo bù 跑步 / kěn dé jī 肯德基
⑤ yāo qiú 要求 / zú qiú 足球
⑥ tiào wǔ 跳舞 / tiāo shuǐ 挑水
⑦ tái wān 台湾 / tái shuǐ 抬水
⑧ hú luó bo 胡萝卜 / pū kè pái 扑克牌

4 词汇扩展

① 求
- 求爱 qiú ài
- 求学 qiú xué
- 求教 qiú jiào
- 求医 qiú yī
- 求人 qiú rén
- 求生 qiú shēng
- 求救 qiú jiù
- 求助 qiú zhù
- 求雨 qiú yǔ

② 保
- 保安 bǎo ān
- 保护 bǎo hù
- 保健 bǎo jiàn
- 保龄球 bǎo líng qiú
- 保暖 bǎo nuǎn
- 保鲜 bǎo xiān
- 保证 bǎo zhèng
- 保重 bǎo zhòng
- 保育员 bǎo yù yuán

③ 锅
- 饭锅 fàn guō
- 炒菜锅 chǎo cài guō
- 煎锅 jiān guō
- 沙锅 shā guō
- 蒸锅 zhēng guō
- 火锅 huǒ guō

④ 灭
- 灭火 miè huǒ
- 灭火器 miè huǒ qì
- 灭口 miè kǒu
- 自生自灭 zì shēng zì miè

⑤ 挑
- 挑夫 tiāo fū
- 挑食 tiāo shí

⑥ 扑
- 打扑克牌 dǎ pū kè pái
- 相扑 xiàng pū

5 配对

1. 好景不长 hǎo jǐng bù cháng
2. 口是心非 kǒu shì xīn fēi
3. 来日方长 lái rì fāng cháng
4. 来之不易 lái zhī bú yì
5. 面无人色 miàn wú rén sè
6. 美中不足 měi zhōng bù zú
7. 面目全非 miàn mù quán fēi
8. 目不识丁 mù bù shí dīng

a. 嘴上说的是一套，心里想的又是一套
b. 不容易得到
c. 美好的光景不长久
d. 样子变得跟过去完全不同
e. 一个字也不认识
f. 今后的日子还长
g. 脸色很难看
h. 虽然很好，但是有一点儿不够好

6 把"三个和尚"这个故事改编成剧本，并表演出来

剧本

人物：小和尚、瘦和尚、胖和尚	解说人：一名

第五课 暑假

1 组句(不用加任何词)

1. 有 天坛 等等 北京 颐和园 故宫 的 主要 名胜。→
2. 费用 9,000人民币 的 美国八日游 大概 要。→
3. 很多 留学生 有 每年 汉语 北京 去 学。→
4. 食宿 会 安排 行程 和 旅行社。→
5. 各国专家 欢迎 参观 访问 来 我校。→
6. 长途电话 在宿舍里 打 可以 你。→
7. 包括 剪纸 等等 太极拳 绘画 夏令营活动。→
8. 介绍 的 风土人情 当地 导游 会。→

2 找反义词

1. 入口 (rù kǒu)
2. 武 (wǔ)
3. 长途 (cháng tú)
4. 古老 (gǔ lǎo)
5. 熟 (shú)
6. 教 (jiāo)
7. 懂 (dǒng)
8. 提问 (tí wèn)

短途 (duǎn tú)
生 (shēng)
进口 (jìn kǒu)
出口 (chū kǒu)
不明白 (bù míng bai)
现代 (xiàn dài)
文 (wén)
回答 (huí dá)
学 (xué)
流行 (liú xíng)

3 翻译

1. 天气越来越凉快了。
(tiān qì yuè lái yuè liáng kuai le)

2. My father has more and more white hair.

3. 世界上的人口越来越多了。
(shì jiè shang de rén kǒu yuè lái yuè duō le)

4. She is getting thinner and thinner.

5. 雨越下越大。
(yǔ yuè xià yuè dà)

6. The older he gets, the more he looks like his father.

7. 上海菜她越吃越爱吃。
(shàng hǎi cài tā yuè chī yuè ài chī)

8. The more she walks, the faster she gets.

4 把男孩、女孩的答案分别与问题相配，然后你自己回答这九个问题

你最理想的周末二日游？

1. 你想去哪儿？
2. 你怎么去？
3. 你想跟谁去？
4. 你会带什么衣服或东西去？
5. 你会住在哪儿？
6. 你会吃什么？喝什么？
7. 你会带书去读吗？
8. 你最不想带谁去？
9. 你最想做的三件事是什么？

女孩

a. 我会坐火车，我怕坐飞机。

b. 我可能会带一本小说。

c. 我会带游泳衣、墨镜、短裤等等。

d. 住在朋友家，他家在海边。

e. 很简单，我不在乎吃什么。

f. 我妹妹，她很吵，话太多！

g. 游泳、晒太阳、吃冰淇淋！

h. 跟我朋友一起去。

i. 去西班牙，我喜欢海滩！

男孩

a. 住在青年旅社，比较便宜。

b. 会带衬衫、牛仔裤和汗衫。

c. 不会带书，没有时间看。

d. 我弟弟，他不喜欢逛街。

e. 去日本东京。

f. 坐飞机去，又快又方便。

g. 跟我哥哥去，他去过好几次了。

h. 会吃生鱼片、寿司、拉面。

i. 坐过山车、逛电子城、玩电子游戏。

5 翻译

五花八门的暑假生活

1 西北旅行社组织中学生去中国的"西部"旅游，让学生开开眼界。

2 大学生时兴自助旅游，背上一个背包，装上些衣服，几个人一组出去旅游。

3 "亲情旅游"让孩子和家长一同出游，不仅能放松心情，更能拉近父母与子女的感情。

4 "周末亲子游"是短距离旅游，一般去近郊爬山、露营或游山玩水。

5 学生会旅行社组织学生去国外学英语，去的国家有英国、美国和澳大利亚。

6 今年夏令营的种类很多，有英语夏令营、体育夏令营、军训夏令营，更有减肥夏令营。"名校夏令营"可以使学生了解一些名牌大学。

7 做暑期工，一方面可以学到在课堂上学不到的东西，另一方面可以赚点零用钱。

词语解释：

1. 眼界 yǎn jiè field of vision or view
2. 时兴 shí xīng fashionable
3. 背 bēi carry on the back
4. 背包 bēi bāo backpack
5. 放松 fàng sōng relax
6. 心情 xīn qíng state of mind; mood
7. 感情 gǎn qíng emotion; feeling
8. 距离 jù lí distance
9. 爬山 pá shān climb a mountain
10. 露营 lù yíng camp (out)
11. 军训 jūn xùn military training
12. 减肥 jiǎn féi reduce weight; slim
13. 赚 zhuàn earn (money)
14. 零用钱 líng yòng qián pocket money

6 解释下列词语（注意带点的字）

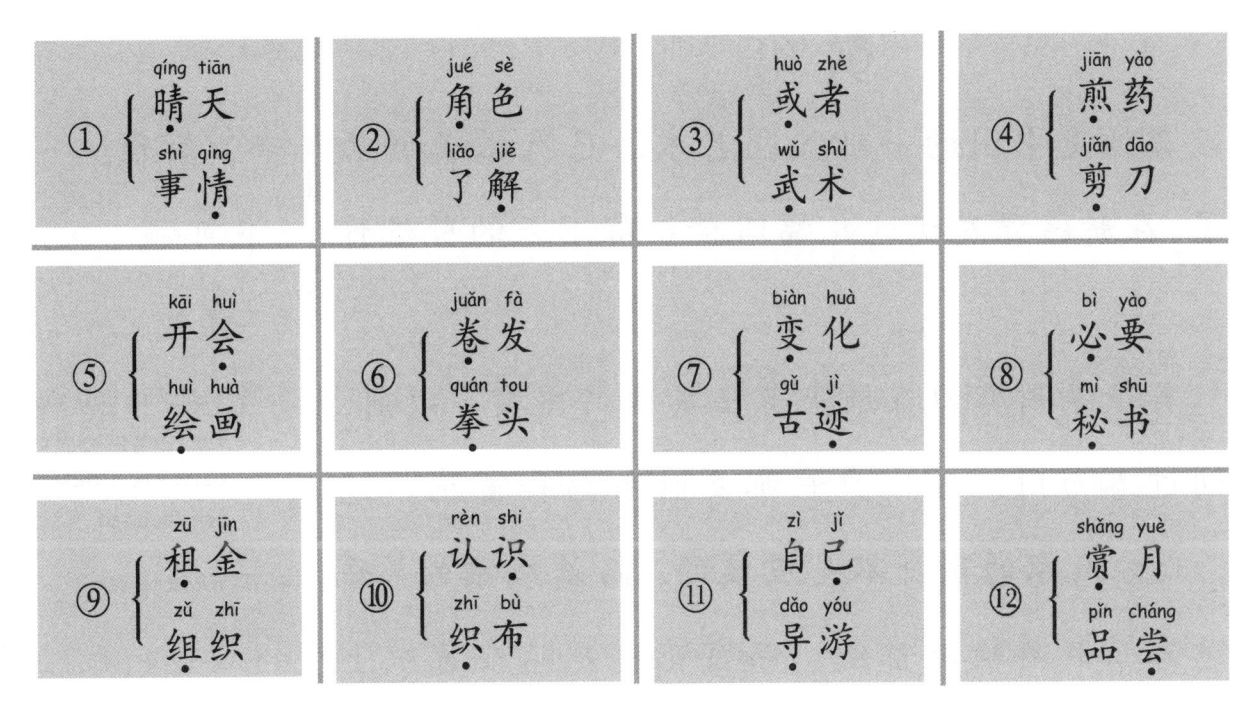

① 晴天 / 事情
② 角色 / 了解
③ 或者 / 武术
④ 煎药 / 剪刀
⑤ 开会 / 绘画
⑥ 卷发 / 拳头
⑦ 变化 / 古迹
⑧ 必要 / 秘书
⑨ 租金 / 组织
⑩ 认识 / 织布
⑪ 自己 / 导游
⑫ 赏月 / 品尝

7 填充

（一）

我不要去露_____。在营地，没有电视看，没有_____影看，不能_____电话，宿舍里的床一定很不舒_____，饭也不可能好_____，而且没有电脑_____。我谁也不认识，我会很想家的。我不去！

（二）

露营好玩极了！老师为我们安_____了五花八门的活动。我们白天游_____、划船、爬山、骑_____，晚上还有晚会、跳_____、戏剧表演、唱_____等等。做完了所有的活动，我们一点儿力气也没有了，一_____床就睡着了。那几天什么都好吃，而且一点儿也不想家。我还交了几个新朋_____。明年我还会_____露营。

8 阅读理解

剪 纸

剪纸是中国的一种民间艺术，已有很长的历史了。在新疆曾发现过几幅四世纪留下来的剪纸作品。

剪纸是用剪刀在纸上剪出美丽的图案。以前，民间过春节时，家家户户都要贴年画和窗花。过去，北方人家的窗户不是玻璃的，而是纸糊的。每年过春节时要换新窗纸，而窗花就是贴在窗纸上的。

窗花一般不大，内容都跟农村生活有关，图案有各种动物、花草、水果，也有人物等等。剪纸一般是由妇女来做的，妈妈把剪纸技术传给女儿，这样一代代流传至今。

根据上文判断正误：

☐ 1) 在新疆发现的剪纸离现在大约有1,600年的历史。

☐ 2) 剪纸就是用刀在报纸上刻出图案。

☐ 3) 过去，人们过年时只贴窗花。

☐ 4) 从前，北方人家的窗户都是玻璃的。

☐ 5) 窗花的内容都跟花草树木无关。

☐ 6) 剪纸通常是由妇女来做的。

词语解释：

1. 民间 mín jiān folk
2. 艺术 yì shù art
3. 曾 céng indicating an action that happened once before or a state that once existed
4. 幅 fú measure word
5. 作品 zuò pǐn works (of literature and art)
6. 剪刀 jiǎn dāo scissors
7. 美丽 měi lì beautiful
8. 图案 tú àn pattern; design
9. 贴 tiē paste; stick; glue
10. 玻璃 bō li glass
11. 糊 hú stick with paste
12. 内容 nèi róng content
13. 农村 nóng cūn rural area; countryside
14. 有关 yǒu guān relate to; concern
15. 技术 jì shù technology
16. 流传 liú chuán hand down
17. 至今 zhì jīn up to now

9 阅读理解

今年四月份我参加了"2002年中华文①游学活动"。我们到了上海、苏州和杭州游玩。

在上海我印象最深的是上海杂技团的②演。小演员有的只有五、六岁，但他们的精采表演使我难忘。

人们常说"上有天堂，下有苏杭（苏州、杭州）"。这是我第一次到苏州、杭州旅行。我们坐船游览了西湖，两岸的古建筑、柳树和花草，以及湖中的苏堤和白堤，使我好像走③了仙境。我在杭州拍了许多照片，想④这美景留住。在苏州，我们游⑤了几个园林，还访问了当地的一所中学，跟他们进行了一天的交⑥：上午我们练习说普通话，下午他们跟我们练习说英语。

这次活动使我更进一步了⑦了中国。我不仅亲眼看到了美丽的风景，还从导游那儿学到了不少关于中国文化的知⑧。

查字典：

1. 印象 yìn xiàng
2. 深 shēn
3. 杂技 zá jì
4. 精采 jīng cǎi
5. 难忘 nán wàng
6. 天堂 tiān táng
7. 堤 dī
8. 仙境 xiān jìng
9. 拍照片 pāi zhào piàn
10. 当地 dāng dì
11. 交流 jiāo liú
12. 亲眼 qīn yǎn
13. 风景 fēng jǐng
14. 关于 guān yú

根据上文回答下列问题：

1. 他今年四月份去了哪几个地方旅游？
2. 他在上海看了什么演出？
3. 他们在苏州做了什么？
4. 从这次游学活动中，他学到了什么？

选择填空：

1. a) 学   b) 化   c) 字
2. a) 上   b) 出   c) 表
3. a) 进   b) 出   c) 上
4. a) 为   b) 把   c) 被
5. a) 览   b) 泳   c) 行
6. a) 手   b) 流   c) 往
7. a) 知   b) 结   c) 解
8. a) 了   b) 识   c) 道

10 词汇扩展

① 入
- shōu rù 收入
- jìn rù 进入
- rù xué 入学
- rù jìng 入境
- rù kǒu 入口
- rù mén 入门
- rù shuì 入睡
- rù yuàn 入院
- rù zuò 入坐
- chū rù zhèng 出入证

② 剪
- jiǎn zi 剪子
- jiǎn tóu fa 剪头发
- jiǎn cǎi 剪彩
- jiǎn kāi 剪开

③ 解
- yì zhī bàn jiě 一知半解
- lǐ jiě 理解
- jiě dá 解答
- jiě fàng jūn 解放军
- jiě kě 解渴
- jiě shuō 解说
- jiě kāi 解开

④ 武
- dòng wǔ 动武
- wǔ dǎ 武打
- wǔ qì 武器
- wǔ zhuāng 武装

⑤ 注
- zhù cè 注册
- zhù jiě 注解
- zhù míng 注明
- zhù zhòng 注重
- zhù shì 注视
- zhù yì 注意
- zhù yì lì 注意力

⑥ 情
- shì qing 事情
- rè qíng 热情
- wú qíng 无情
- qíng gǎn 情感
- qíng jǐng 情景
- qíng rén 情人
- qíng shū 情书
- qíng tóng shǒu zú 情同手足
- qíng tóng yī jiā 情同一家

⑦ 组
- zǔ zhǎng 组长
- zǔ chéng 组成
- zǔ hé 组合
- zǔ hé jiā jù 组合家具
- zǔ tuán 组团
- zǔ zhuāng 组装
- xiǎo zǔ 小组

⑧ 留
- liú xīn 留心
- liú zuò wei 留座位
- liú cháng fà 留长发
- liú xué 留学
- liú yì 留意
- liú yán 留言
- liú yǐng 留影

⑨ 导
- dǎo diàn 导电
- dǎo rè 导热
- dǎo shī 导师
- dǎo huǒ xiàn 导火线
- jiào dǎo 教导
- zhǐ dǎo 指导

⑩ 必
- bì bù kě shǎo 必不可少
- bì dìng 必定
- bì rán 必然

11 读一读，写一写

旅行团：	云南大理、丽江、中甸八日游
出发日期：	8月16日 10:45
全程收费：	每位 $5,888（另收小费 US$5.00／天）
集合地点：	香港国际机场南方航空公司登记处
查询电话：	2851 7660
联系人：	孔先生

欢迎你们来到云南旅游。我叫李小云，是你们的导游。我首先来介绍一下云南的风土人情。云南是少数民族居住最集中的地方，有藏族、白族等二十几个少数民族。各个少数民族都有他们独特的服装、文化和语言，他们喜欢唱歌、跳舞。

云南的自然风景非常美，有雪山、草地、湖泊、森林，这一切组成了一幅人间"仙境"。在这8天里我会带你们去游览云南有名的风景区，同时品尝当地的美食。

词语解释：

1. 集合 jí hé gather
2. 地点 dì diǎn place; site
3. 登记 dēng jì register; check in
4. 处 chù place
5. 查询 chá xún inquire about
6. 联系 lián xì contact
7. 首先 shǒu xiān first
8. 居住 jū zhù reside
9. 集中 jí zhōng concentrate; focus
10. 独特 dú tè unique; distinctive
11. 湖泊 hú pō lakes
12. 森林 sēn lín forest

作文：介绍一个旅游景点，内容包括：
— 景点的名称及位置
— 有关它的背景知识
— 出名的原因

12 造句(至少选五个词语)

1. 了解：我对这个地区不太了解。
2. 名胜古迹：西安有很多名胜古迹。
3. 欢迎：欢迎你们来我校参观访问。
4. 组织：我们学校每学期都组织很多课外活动。
5. 安排：你到越南后，我会帮你安排住宿。
6. 大概：我大概有十年没有回英国了。
7. 留学：我以后想去美国留学。
8. 绘画：我从小就对绘画感兴趣。
9. 长途：乘坐飞机长途飞行要注意多活动腿脚。
10. 当然：老师还没有教到"代数"这个单元，他当然不会做这些题目。

13 根据你自己的情况回答下列问题

1. 你参加过夏令营吗？如果参加过，你是哪年参加的？你参加了什么样的夏令营？
2. 你学过武术吗？如果学过，你的第一位老师是谁？
3. 你看到过中国的剪纸吗？是在哪儿看到的？
4. 你学过写毛笔字吗？学过几年？
5. 你要参加一个五天的水上活动夏令营，你会带哪些必需品？
6. 你外出旅游时，喜欢导游一边领着你看，一边讲解吗？
7. 你外出旅游每次都品尝当地的美食吗？你会不会买一些当地的特产给家人尝尝？

14 读一读，写一写

我的暑假根本就不是暑假

学校放假就是要让学生把繁重的功课放下，让脑子轻松一下，让身体好好地休息。可是我的暑假根本就不是暑假。

我们所有的任课老师都给我们留了暑期作业。虽然每门课的功课不多，但是把所有的功课放在一起就多了。我妈妈还要给我额外功课：弹钢琴、画画儿、上英语补习班。我觉得我比上班的人还要忙。上班的人朝九晚五，晚上没有"回家作业"，到了周末还可以出去玩。可是，在暑假里我每天照常做功课，我都快变成机器人了。我也需要假期！

假期是最好的学习时间

我觉得老师在假期中给我们留功课是应该的。我不同意在假期里只是吃、喝、玩、乐，不学习，不做功课。

我觉得学生应该有暑期功课。我们应该学会怎样利用暑假时间：花一部分时间做作业，一部分时间做自己想做的事。在假期，我们可以读读书、休息休息，也可以出去旅游，开开眼界。这样的话，暑假才会过得有意义。

猜一猜：
1. 繁重 fán zhòng
2. 任课老师 rèn kè lǎo shī
3. 额外 é wài
4. 朝九晚五 zhāo jiǔ wǎn wǔ
5. 照常 zhào cháng
6. 利用 lì yòng
7. 意义 yì yì

作文：谈谈你对暑假的看法，内容包括：
— 暑假里应不应该有功课，每天应该做几个小时的功课
— 暑假时间适合做什么
— 暑假应该怎样过才算有意义

15 阅读理解

近几年中国<u>出现</u>了一种新式旅游<u>提供</u>"观光农场",也就是城里人到<u>农村</u>去休闲度假。

"观光农场"一般是由几户农民<u>合办</u>的,提供<u>简单</u>的食宿。游客们可以在那里轻轻松松地小住几天,<u>呼吸</u>新鲜空气,也可以<u>发现</u>一些农田劳动,例如种花、拔草、种蔬菜等等。有的农场还专门为青少年<u>需要</u>学习用的植物园。退休的老人还可以到农场租土地、农具,种他们喜欢的东西。

这种新式旅游<u>形式</u>还不算普及,但是适应城里人的<u>参加</u>,暂时离开大城市,到农村去<u>清静</u>一下。

根据上文判断正误:

☐ 1) 去"观光农场"只能观光,不能住下来。
☐ 2) "观光农场"是农民自己办的。
☐ 3) 在农场里,游客们可以参加田间劳动。
☐ 4) 很多退休老人到农村办"观光农场"。
☐ 5) 如果你想在农场里种花、种菜、你必须自备农具。
☐ 6) "观光农场"现在已经很普及了。

查字典:

1. 新式 xīn shì — new style
2. 农场 nóng chǎng — farm
3. 休闲 xiū xián — recreation
4. 农民 nóng mín — farmer
5. 轻松 qīng sōng — relax
6. 农田 nóng tián — fields
7. 劳动 láo dòng — work hard
8. 专门 zhuān mén — specialise in certain subject
9. 植物园 zhí wù yuán — botanical garden
10. 退休 tuì xiū — retired
11. 农具 nóng jù — farming tools
12. 普及 pǔ jí — common
13. 适应 shì yìng — suitable/adaptable
14. 暂时 zàn shí — temporary

用所给的词语填空:

提供 supply	出现
发现	形式 style xíng shì
清静 quiet	简单 simple
合办 partnership	参加
需要	农村
简直 absolutely	呼吸 breathing

16 读一读，写一写

亲爱的爸爸、妈妈：

你们好！

我是昨天离开东京来到南京的。七、八月份的南京非常闷热。我住的旅馆在市中心，到了晚上十一点街上的汽车、人群的吵闹声还能听见。一清早，旅馆对面的街心花园里有很多人在锻炼身体，有青少年在练武术，老年人在打太极拳。

祝好！

儿：大伟 上
8月5日

亲爱的夏梦：

你好！

我两天前坐船来到大亚湾附近的一个小岛，岛上住的全是渔民，到处都是树木、绿草，十分宁静。我会在这个岛上呆一个星期。我想这次旅行会给我留下深刻的印象。

祝好！

友：书琴

亲爱的雷亚东：

你好！

一路坐了七个小时的长途汽车终于到达了广西的桂林。我来以前已经学过一点儿中文，不然的话，我没有办法跟当地人沟通。我打算在一个农民家住五天，体会这里少数民族的风土人情。

祝好！

友：小安
10月25日

查字典：

1. 闷热 mēn rè — humid & hot
2. 人群 rén qún — crowd
3. 吵闹 chǎo nào — busy/crowded/noisy
4. 锻炼 duàn liàn — exercise (body)
5. 渔民 yú mín — fisherman
6. 宁静 níng jìng — quiet
7. 深刻 shēn kè — vividly (impression)
8. 终于 zhōng yú — at last
9. 沟通 gōu tōng — communicate
10. 体会 tǐ huì — experience

作文：写一封短信给你的笔友，介绍你假期生活中一次有趣的活动。

— 什么时间
— 是什么活动
— 为什么有趣
— 你学到了什么

阅读(五)　愚人买鞋

1 根据课文回答下列问题

1. 愚人买鞋之前在家做了什么准备？
2. 集市离他家有多远？
3. 愚人看中了一双鞋，他买了没有？
4. 他为什么要急忙跑回家？
5. 他为什么没有买到鞋？

2 翻译

1. 去年暑假我去广州参加了一个军训夏令营，对军营的生活有了进一步的了解。
2. 如果你想学地道的武术，你应该去中国河南的"少林寺"。
3. 听说"太极拳"可以帮助医治一些慢性病。
4. 颐和园过去是一个皇家花园，里边有一座小山，叫"万寿山"。
5. 北京不仅有天坛，而且还有地坛、日坛和月坛。
6. 去年暑假我参加了一个新疆旅行团，导游一路上给我们讲了不少民间故事及传说。
7. 在西藏旅游时，我们访问了当地的一个藏族家庭，在他们家还亲口品尝了西藏的土特产。

3 解释下列词语(注意带点的字)

① {可以 / 何时}
② {不错 / 可惜}
③ {球类 / 布料}
④ {相片 / 想法}
⑤ {忘记 / 繁忙}
⑥ {收集 / 准时}
⑦ {赶集 / 超级}
⑧ {热闹 / 新闻}

4 配对

1. 目中无人
2. 平易近人
3. 情同手足
4. 风雨同舟
5. 教学相长
6. 知难而退
7. 真才实学
8. 人山人海

a. 亲如兄弟
b. 一起度过难关
c. 眼睛里没有人，高高自大
d. 真实的才能和学问
e. 知道难就退却了
f. 使人容易接近，没有架子
g. 很多人
h. 在教学的过程中，教师和学生共同提高

5 词汇扩展

① 散 { 散布, 散步, 散会, 散心, 散开 }

② 料 { 饮料, 木料, 料酒, 料理 }

③ 愚 { 愚笨, 愚人节 }

④ 何 { 何必, 何时, 何地, 何人 }

⑤ 否 { 否定, 否认, 可否 }

⑥ 忘 { 忘记, 难忘 }

6 造句（至少选三个词语）

1. 可惜：可惜我们没有赶上末班船，只能在岛上再住一晚。

2. 部分：在我们的汉语班里，大部分留学生来自欧美国家，只有一小部分是亚洲人。

3. 散：有一次我带弟弟上街，一不小心，跟弟弟走散了，吓得我差点儿报警。

4. 连忙：我一到北京，连忙打长途电话给妈妈报平安。

5. 为何：我不知道他为何不肯帮我的忙。

6. 是否：没有人知道他是否真的会讲俄语。

第六课　世界名城

1 词语搭配

1. 买 _____
2. 参观 _____
3. 到过 _____
4. 安排 _____
5. 组织 _____
6. 观看 _____
7. 游览 _____
8. 戴 _____
9. 品尝 _____
10. 访问 _____

> huà zhuāng pǐn　　　　xué sheng jiāo liú
> 化妆品　　　　学生交流
> bó wù guǎn　　　　dāng dì měi shí
> 博物馆　　　　当地美食
> shǒu shì　　　　zhù míng zuò jiā
> 首饰　　　　著名作家
> yú lè huó dòng　　　　shì zhōng xīn
> 娱乐活动　　　　市中心
> shí zhuāng biǎo yǎn　　　　bái jīn hàn gōng
> 时装表演　　　　白金汉宫

2 上网查资料，然后填表

城　市	旅游景点
温哥华（加拿大）	
柏林（德国）	
汉城（韩国）	
上海（中国）	

3 翻译（注意带点的字）

1. 导游的讲解使我进一步了解了当地的风土人情。
2. 他说的话使我感到很意外。
3. 重游故地，自然使我想起小时候很多往事。
4. 看太多电视会使视力变坏。
5. 一个星期的夏令营生活使学生们学到了在课室里学不到的东西。
6. 旅行社的合理安排使游客们在五天内游玩了所有的景点。

4 阅读理解

中国东方航空公司
China Eastern Airlines

广州 — 北京 — 阿姆斯特丹

航班号：MT46/247　　　　机型：波音767或波音747

班次：周二、五

班机时刻表

广州 14:30	17:10 北京 18:15	阿姆斯特丹 21:35 *
阿姆斯特丹 23:10	15:50 北京 16:55	广州 19:35 *

* 阿姆斯特丹时间与北京时间相差7小时

根据上文回答下列问题：

1. 从广州到阿姆斯特丹是直航吗？
2. 从广州到阿姆斯特丹，星期几没有班机？
3. 从北京到阿姆斯特丹坐飞机要多长时间？
4. 从阿姆斯特丹飞回到广州的时间是早上还是晚上？

查字典：
1. 航班 háng bān
2. 机型 jī xíng
3. 班次 bān cì
4. 时刻表 shí kè biǎo

5 写出下列词语的近义词

1. 近来—最近
2. 许多—
3. 早餐—
4. 功课—
5. 要是—
6. 但是—
7. 相传—
8. 品种—
9. 年龄—
10. 立刻—
11. 有空—
12. 饭店—

6 填充

荷兰在欧____的西部，首____是阿姆斯特丹。荷兰有座名城叫海牙，是荷兰政府的所在地。海牙的"小人国"是游客的好去处。"小人国"占地面____有18,000平方米，里面有各个时代的建筑：王宫、教堂、市政____大楼、博____馆、运动场、啤酒厂、广场、河流、机场等。这里的建____最高的只有2米，但每座建筑及里面的各种人物都像____的一样。更有意____的是，在这个"小人国"里，____堂的钟会响，飞机可以滑行，火____可以走，交通灯也会亮……

7 填充

今年冬天，你跟三个朋友去加拿大自助旅行。

1. 出发前你要做的准备工作：＿＿＿

2. 你要带的东西：＿＿＿

参考词语：

背包　　行李箱　　手提包　　现金　　(换)外币　　信用卡
急救药　　衣服　　旅游鞋　　(办)护照　　(买)机票　　旅行支票
(办)签证　　(订)酒店　　手机　　留意当地的天气……

8 阅读理解

1 　　大笨钟是一座巨大的钟楼，高96米，钟面的直径有7米。大笨钟每小时报时一次，十分准确。英国的BBC电台就是依据大笨钟报时的。

2 　　英国的国会大厦位于泰晤士河边，占地3万平方米。据说进入大厦有两个入口，其中一个是女皇专用入口，另外一个是一般人进的入口。

3 　　大英博物馆举世闻名，收集了世界各国的古代文物，当中有埃及的木乃伊、中国的甲骨文、古罗马的雕塑等。

4 　　伦敦塔桥有100多年的历史。当有大船经过的时候，桥的中间会打开，桥上还有一座博物馆。

根据上文判断正误：

☐ 1) 大笨钟经常会报错时间。

☐ 2) 英国的国会大厦有两个入口。

☐ 3) 大英博物馆只收集西方国家的文物。

☐ 4) 伦敦桥在有小船经过时也会打开。

☐ 5) 伦敦塔桥下面有一座博物馆。

词语解释：

1. 钟楼 bell tower
2. 直径 diameter
3. 报时 give the correct time
4. 准确 accurate
5. 依据 according to
6. 据说 it is said
7. 进入 enter; get into
8. 入口 entrance
9. 专用 for a special purpose
10. 文物 cultural/ historical relic
11. 埃及 Egypt
12. 木乃伊 mummy
13. 甲骨文 inscriptions on bones or tortoise shells of the Shang Dynasty (16th-11th century BC)
14. 罗马 Rome
15. 雕塑 sculpture
16. 经过 pass; go through

9 上网查资料，然后填充

	伦敦	北京
气候	四季不太分明，0℃-28℃	
人口		1,400万
面积		
交通	地铁、火车、巴士、出租车、飞机（车辆左行）	
饮食	西餐、唐人街中国饭菜、快餐	
景点		长城、故宫、天坛、颐和园、北海公园、天安门广场、军事博物馆、人民大会堂
商业街	牛津街	
文化娱乐		京剧、杂技、音乐会

10 解释下列词语（注意带点的字）

① lán sè 蓝色 / yóu lǎn 游览

② zuò zhě 作者 / zhù zuò 著作

③ xià tiān 夏天 / dà shà 大厦

④ huí dá 回答 / tiě tǎ 铁塔

⑤ wèn tí 问题 / wén míng 闻名

⑥ jiè dōng xi 借东西 / kě xī 可惜

⑦ dòu fu 豆腐 / zhèng fǔ 政府

⑧ jiāng jūn 将军 / huà zhuāng 化妆

⑨ xī wàng 希望 / shì wù 饰物

⑩ yīng guó 英国 / zhōng yāng 中央

⑪ wài bian 外边 / hǎo chu 好处

⑫ lǜ shī 律师 / niú jīn 牛津

11 读一读，写一写

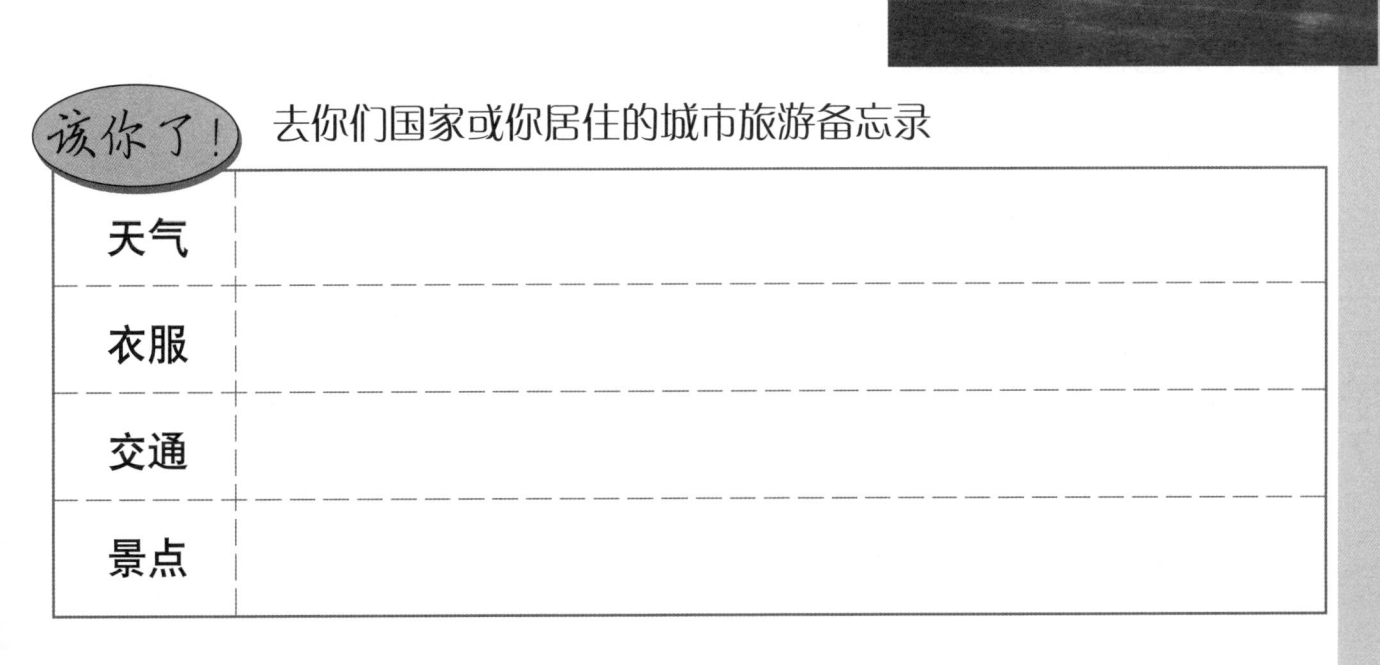

去澳大利亚旅游备忘录

天气	澳大利亚气候四季分明，适合全年旅游。季节跟亚洲东北部各国正好相反。6-8月是冬天，9-11月是春天，12-2月是夏天，3-5月是秋天。夏天最高温度可达35℃，冬天最低温度一般在10℃以下。
衣服	夏天带汗衫、短裤就可以了，但夜晚会较清凉，所以最好带一件外套备用。冬天要带毛衣、短大衣等。
交通	在澳大利亚开车很容易、方便，车辆靠左边行驶。公共交通在市区很方便，公共汽车、电车、渡轮都有。去其他城市可以乘坐长途汽车、火车或飞机。
景点	悉尼歌剧院、黄金海岸

查字典：

1. 备忘录 bèi wàng lù
2. 正好 zhèng hǎo
3. 相反 xiāng fǎn
4. 清凉 qīng liáng
5. 备用 bèi yòng
6. 渡轮 dù lún
7. 悉尼 xī ní

该你了！ 去你们国家或你居住的城市旅游备忘录

天气	
衣服	
交通	
景点	

12 读一读，写一写

香港——弹丸之地

香港的面积只有1,000多平方公里，没有名山大川，也没有很多名胜古迹，但是香港的旅游业非常发达，每年的旅游收入仅次于制衣业，成为香港经济的一个重要组成部分。

香港发挥了其中、西结合的特点。古老的电车在现代化的高楼大厦旁边穿过，你不会觉得不和谐。花两块钱坐电车可以带你走一遍香港岛市区。在香港可以买到世界上最高级的名牌产品，也可以去旺角女人街买到很便宜的东西。香港的中环是游客们必到之处，那里有政府办公大楼、世界闻名的中银大厦和高级购物中心。中环的国际金融中心二期是香港最高的商业大厦。铜锣湾有很多家娱乐中心、卡拉OK、酒吧等。在香港，酒楼、饭店、小吃店到处可见。香港可算得上是"购物天堂"、"美食天堂"，旅游的好去处。

词语解释：
1. 弹丸之地 a tiny little place
2. 名山大川 famous mountains and great rivers
3. 收入 income
4. 仅 only; merely
5. 次于 second to
6. 发挥 bring into play
7. 结合 joint
8. 和谐 harmonious
9. 卡拉OK karaoke
10. 酒吧 bar

根据上文回答下列问题：

1. 香港大不大？
2. 每年是不是有很多游客去香港旅游？
3. 在哪儿可以买到便宜的东西？
4. 要想买名牌货，可以去哪儿？
5. 为什么说香港是"购物天堂"？
6. 乘坐什么车可以游遍香港岛市区？

作文：上网查资料，介绍中国的一个旅游胜地，例如西安、杭州、桂林、拉萨等，内容包括：
— 面积、人口
— 交通
— 旅游景点
— 娱乐场所、购物中心

13 造句(至少选四个词语)

1. 游览：我昨天坐三轮车游览了北京胡同。
2. 闻名：莎士比亚是举世闻名的剧作家。
3. 著名：李白是中国唐代的著名诗人。
4. 非凡：她非凡的语言才能使她在三年内学会了三门外语。
5. 观光：欢迎大家来华盛顿观光、旅游。
6. 必到之处：巴黎是去欧洲旅游的必到之处。
7. 化妆：百货公司的第一层一般卖化妆品。
8. 娱乐：香港的娱乐设施有歌舞厅、酒吧、卡拉OK、影剧院等。

14 发表你的意见

观 点	同意	不同意。为什么?
1. 去外国旅行前,你一定要先办好签证。		
2. 在旅行途中,一定要小心钱包,把它放在安全的地方。		
3. 外出旅行时最好带上急救药箱。		
4. 出国旅行前,你一定要先换一些外币。		
5. 在外国买东西,用信用卡最方便。		
6. 除了带好护照以外,还要带上身份证。		
7. 外出旅行最好不要带太多行李。		
8. 出发前最好留意一下当地的天气预报。		
9. 手机很方便,万一有事,可以马上跟人联系。		
10. 现在很多人出国旅行用旅行支票。		
11. 参加旅行团比自助旅行省事。		
12. 自助旅行很自由,想去哪儿就可以去哪儿。		
13. 带小孩(十岁以下)外出旅行有很多不便之处。		
14. 住在朋友家可以省掉酒店费用。		
15. 开车旅行又省钱又方便。		

15 词汇扩展

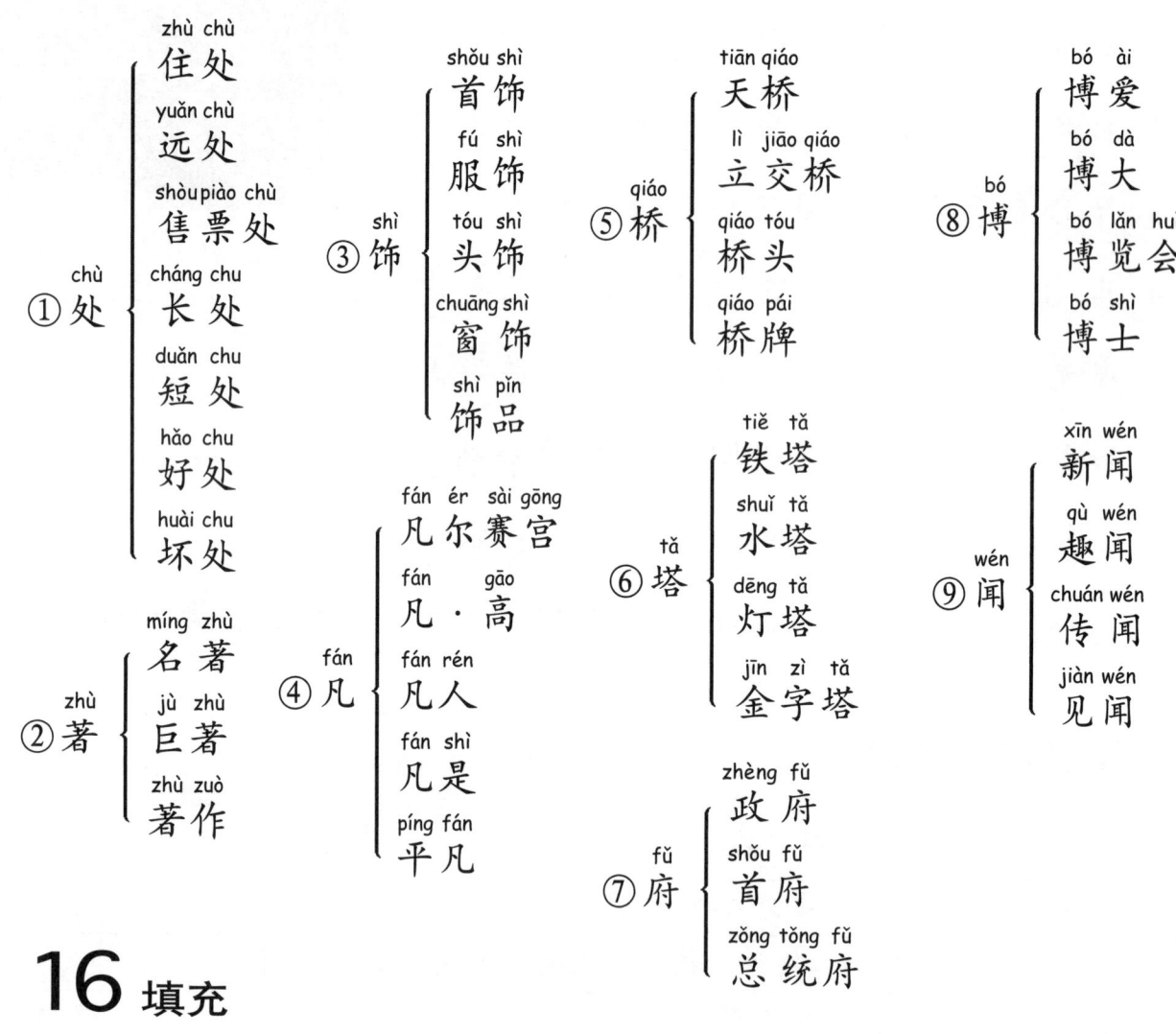

① 处 chù
- 住处 zhù chù
- 远处 yuǎn chù
- 售票处 shòu piào chù
- 长处 cháng chu
- 短处 duǎn chu
- 好处 hǎo chu
- 坏处 huài chu

② 著 zhù
- 名著 míng zhù
- 巨著 jù zhù
- 著作 zhù zuò

③ 饰 shì
- 首饰 shǒu shì
- 服饰 fú shì
- 头饰 tóu shì
- 窗饰 chuāng shì
- 饰品 shì pǐn

④ 凡 fán
- 凡尔赛宫 fán ěr sài gōng
- 凡·高 fán gāo
- 凡人 fán rén
- 凡是 fán shì
- 平凡 píng fán

⑤ 桥 qiáo
- 天桥 tiān qiáo
- 立交桥 lì jiāo qiáo
- 桥头 qiáo tóu
- 桥牌 qiáo pái

⑥ 塔 tǎ
- 铁塔 tiě tǎ
- 水塔 shuǐ tǎ
- 灯塔 dēng tǎ
- 金字塔 jīn zì tǎ

⑦ 府 fǔ
- 政府 zhèng fǔ
- 首府 shǒu fǔ
- 总统府 zǒng tǒng fǔ

⑧ 博 bó
- 博爱 bó ài
- 博大 bó dà
- 博览会 bó lǎn huì
- 博士 bó shì

⑨ 闻 wén
- 新闻 xīn wén
- 趣闻 qù wén
- 传闻 chuán wén
- 见闻 jiàn wén

16 填充

| 遍 | 次 |

1. 我去过巴黎三_____了。
2. 这是她第一_____来纽约。
3. 这部电影我想再看一_____。
4. 这本小说我弟弟已经看了三_____了。
5. 请你再把课文读一_____。
6. 这是我爸爸第一_____来加拿大旅游。
7. 这是我第一_____看时装表演。
8. 请你把写好的作文再看一_____。
9. 这是他第一_____画油画,所以画得不好。

17 阅读理解

阿德莱德

澳大利亚南部的阿德莱德(Adelaide)是一座风景＿＿＿、充满色彩的＿＿＿，有长达30公里的白色海滩。这座城市有很多＿＿＿的商店。一般的商店＿＿＿时间是星期一到星期四，上午九点到下午五点半，星期五晚上开到九点，星期六的营业时间是九点到五点。阿德莱德有数不清的饭店，从＿＿＿的到贵的都有。在＿＿＿有好几个公园和花园，可以供人们＿＿＿。天黑以后，酒吧、迪斯科舞厅、摇滚音乐厅都开放了，还有＿＿＿的阿德莱德赌场。阿德莱德这个历史名城有很多＿＿＿和美术馆。欢迎世界各地的＿＿＿来此度过一个美好的假期。

查字典：
1. 充满 chōng mǎn
2. 海滩 hǎi tān
3. 数不清 shǔ bù qīng
4. 迪斯科 dí sī kē
5. 摇滚乐 yáo gǔn yuè
6. 开放 kāi fàng
7. 赌场 dǔ chǎng

用所给的词语填空：

营业	购物
城市	美丽
市中心	游客
旅游	便宜
著名	休息
博物馆	有趣

根据上文判断正误：

☐ 1) 阿德莱德是一座历史名城。

☐ 2) 阿德莱德在澳大利亚的东南部。

☐ 3) 那里的商店每天都营业。

☐ 4) 在阿德莱德，游客们晚上还可以去娱乐场所玩。

☐ 5) 在阿德莱德不可以赌博。

☐ 6) 在阿德莱德，去饭店吃饭很便宜。

18 阅读理解

法国人的午餐

法国大菜世界闻名。二十年前，由于美国快餐业在法国到处开花，法国的传统饭菜受到了冲击。麦当劳快餐店到处可见，店里挤满了年轻人，这使法国人的生活方式和吃的文化发生了变化。

以前午饭期间，法国人喜欢去附近餐馆或咖啡馆一边吃午饭，一边聊天。现在有一部分上班族会去快餐店吃三明治、热狗、汉堡包，更有一部分人去外卖店买一份午饭，然后拿到办公室去吃。原因是紧张的工作使他们几乎没有时间吃一顿"清静"的午饭。很多法国人普遍认为现在的工作太忙，连吃午饭的时间都要用在工作上，而快餐正好适应这种工作节奏。

词语解释：

1. 传统 tradition
2. 冲击 lash; pound
3. 年轻 young
4. 方式 way; pattern
5. 发生 happen; occur
6. 期间 during the time of
7. 聊天 chat
8. 上班族 office workers
9. 汉堡包 hamburge
10. 外卖店 take-away restaurant
11. 原因 cause; reason
12. 紧张 nervous
13. 清静 quiet
14. 普遍 universal; general; common

根据上文回答下列问题：

1. 年轻的法国人喜欢不喜欢吃美国快餐？
2. 美国快餐进入法国后给法国人带来了哪些变化？
3. 以前法国人午饭在哪儿吃？
4. 为什么现在越来越多的法国人喜欢吃快餐？
5. 法国人花在工作上的时间比以前多了，这种说法对不对？

阅读(六)　塞翁失马

1 根据课文判断正误

☐ 1) 老翁只有一个儿子。
☐ 2) 老翁走失的马再也没有回来。
☐ 3) 老翁的儿子骑马摔伤了头。
☐ 4) 老翁和儿子都没去打仗。

3 组词

1. 自然 → ___然后___
2. 大都市 → _____
3. 提起 → _____
4. 繁华 → _____
5. 居所 → _____
6. _____ → 年轻人
7. 祸根 → _____
8. _____ → 性命
9. 摔断 → _____
10. _____ → 安慰
11. 游客 → _____
12. _____ → 村民

2 词汇扩展

① 失 {
　shī cháng 失常
　shī chuán 失传
　shī cōng 失聪
　shī huǒ 失火
　shī míng 失明
　shī shēng 失声
　shī qù 失去
　shī shì 失事
　shī wàng 失望
　shī yè 失业
　shī xué 失学
}

② 祸 {
　chē huò 车祸
　huò bù dān xíng 祸不单行
}

③ 轻 {
　qīng biàn 轻便
　qīng kuài 轻快
　qīng qiǎo 轻巧
　qīng shāng 轻伤
　qīng shēng 轻声
　qīng shì 轻视
　qīng yì 轻易
}

④ 贺 {
　hè cí 贺词
　hè diàn 贺电
　hè xìn 贺信
　hè xǐ 贺喜
　hè nián piàn 贺年片
}

4 找反义词

1. 软 ruǎn — _____
2. 好 hǎo — _____
3. 双 shuāng — _____
4. 笨 bèn — _____
5. 静 jìng — _____
6. 添 tiān — _____
7. 旧 jiù — _____
8. 立 lì — _____
9. 收 shōu — _____
10. 整 zhěng — _____
11. 集 jí — _____
12. 真 zhēn — _____

| xīn 新 | chà 差 | fā 发 | píng 平 | jiǎ 假 | yìng 硬 | dān 单 |
| dòng 动 | qiǎo 巧 | líng 零 | sàn 散 | jiǎn 减 | zuò 坐 | jiā 加 |

5 解释下列词语(注意带点的字)

① { 比赛 / 边塞 }　② { 羽毛 / 老翁 }　③ { 夫人 / 失掉 }　④ { 已经 / 年轻 }

⑤ { 树木 / 农村 }　⑥ { 书架 / 祝贺 }　⑦ { 铁锅 / 祸根 }　⑧ { 医生 / 马匹 }

6 配对

1. 寸步难行
2. 人之常情
3. 多此一举
4. 答非所问
5. 好事多磨
6. 铁石心肠
7. 诗情画意
8. 明知故问

a. 人们通常有的感情和想法
b. 做不必要的事
c. 处境很难
d. 形容不易为感情所动
e. 有诗一样的情趣，画一样的意境
f. 一件好事成功前往往要经历许多磨难
g. 明明知道还故意问人
h. 回答的内容不是人家所问的

7 造句(至少选三个词语)

1. 安慰：由于动手术，我住院了两个星期，期间老师和同学多次来看我，并安慰我要好好养病。

2. 祝贺：祝贺你被派往联合国总部工作。

3. 年轻：在越南的胡志明市，二十五岁以下的年轻人占全市人口的一半以上。

4. 不出所料：不出所料，她果然从巴黎买回来一大堆衣服和化妆品。

5. 保：为了保住饭碗，他工作非常卖力气，还经常加班。

第二单元 复习、测验

1 解释下列词语

1 名词

旅行社	和尚	航空	软卧	硬卧	护照	勺	餐车
颐和园	回程	景点	行李	通行证	食宿	锅	剪纸
洗手间	绘画	行程	风味	太极拳	天坛	签证	旅游
化妆品	导游	饰物	宿舍	首相府	牛津	娱乐	日期
博物馆	大厦	伦敦	塔桥	长途电话	费用	对话	塞外
大都市	游客	巴黎	纽约	直通车	山坡	武术	合作
留学生	水桶	料子	纸样	夏令营	老翁	书法	手机
一匹马	祸根	性命	村民	年轻人	住宿	备注	空调
现代化	大部分						

2 动词

到达	代办	报名	退还	介绍	参观	逛街
购物	乘车	收费	出发	欢迎	了解	入场
安排	访问	组织	品尝	提起	游览	观光
挑水	要求	答应	肯	抬	吵架	扑灭
赶集	失去	安慰	祝贺	摔	购买	

3 形容词

必需	自然	当地	闻名	著名	非凡	愚笨	可惜
散	国际						

4 副词

进一步　　大概　　连忙

5 连词

是否

6 疑问词

为何

7 短语

风土人情　　名胜古迹　　不出所料　　必到之处

2 查字典，解释下列词语

1. 电线 _____
2. 保证 _____
3. 布景 _____
4. 关注 _____
5. 散发 _____
6. 装饰 _____
7. 圣经 _____
8. 百万富翁 _____
9. 达到 _____

3 填充

| 挑 | 拔 | 抬 | 扑 | 摔 | 保护 | 倒 |

1. 名胜古迹需要所有的人去关心、_____。
2. 这五口锅，你可以_____一个。
3. 弟弟一生气，把我的文具盒_____在了地上。
4. 这个红木衣柜，四个人都_____不起来。
5. 他走进花园，一下子就感到花香_____鼻。

4 翻译

1. 想去巴黎游览的同学要提前一个月报名。
2. 在纽约市内，导游会留出半天的时间给游客逛街、购物。
3. 在云南，我们要访问一个少数民族村，了解当地的风土人情和他们的生活习惯。
4. 参观颐和园、故宫不用事先买门票。
5. 报名参加武术班的学生很多，这样学费不会太贵。

5 配对

1. 代办
2. 乘坐
3. 介绍
4. 了解
5. 品尝
6. 购买
7. 观看
8. 住宿
9. 参观
10. 组织

a. 风味小吃
b. 大英博物馆
c. 马戏团表演
d. 护照、签证
e. 英航班机
f. 著名的旅游景点
g. 当地的历史和文化
h. 于五星级中央大酒店
i. 绘画比赛
j. 名牌货及特产

6 根据你自己的情况回答下列问题

1. 在你们国家,坐火车有没有软卧和硬卧之分?
2. 从你们家打长途电话去北京一分钟要多少钱?
3. 在你们国家,坐火车买一张来回票便宜还是买两张单程票便宜?
4. 你们家外出旅行一般跟旅行团去还是自助旅行?
5. 去巴黎旅游,人们一般会去哪些地方游玩?
6. 你亲眼看到过车祸吗?有没有亲身经历过车祸?
7. 你们国家的年轻人平时有哪些娱乐活动?
8. 过年时你会不会给亲戚朋友寄贺年片?

7 阅读理解

(一)北京

北京的春天比较干燥,风沙现象越来越严重。沙尘暴到来时,满城都是沙,连眼睛都睁不开。北京的夏天比较热,最热的时候气温可达35℃以上,但一般气温在28-30℃。北京的秋天天气最好,秋高气爽,不冷也不热,非常凉快、舒适,是去北京旅游的黄金季节。北京的冬天不算太冷,最低气温大约零下10℃,有时候下雪。

(二)青岛

青岛是个海滨城市,气候一年四季都很好:冬天不太冷,夏天也不太热,不太干燥也不太潮湿。青岛以"度假之城"而闻名。

(三)广东

广东气候高温多雨,春天常下雨。夏天气温比较高,通常在30℃以上,经常有台风。秋天天气比较舒适,是外出爬山、郊游的好季节。广东的冬天不太冷,最低气温不会低于10℃。

根据上文回答下列问题:

1. 北京的春天天气怎么样?
2. "秋高气爽"是什么意思?
3. 青岛是不是一个内陆城市?
4. "度假之城"是什么意思?
5. 广东一年四季的温差有多少摄氏度?

第三单元　家居生活

第七课　家谱

1 分类

> 婶婶　姑妈　舅舅　叔叔　伯母　姨妈
> 外公　伯父　奶奶　舅妈　姑夫　姨夫

爸爸家　　　　　　　　　　　　**妈妈家**

爷爷 _____　　　外婆 _____

_____　　　　　　_____

2 完成下列句子

1. 爸爸的爸爸叫 _____ 。
2. 妈妈的爸爸叫 _____ 。
3. 爸爸的妈妈叫 _____ 。
4. 妈妈的妈妈叫 _____ 。
5. 爸爸的哥哥叫 _____ 。
6. 伯父的妻子叫 _____ 。
7. 爸爸的姐姐叫 _____ 。
8. 姑妈的丈夫叫 _____ 。
9. 妈妈的弟弟叫 _____ 。
10. 舅舅的妻子叫 _____ 。
11. 妈妈的妹妹叫 _____ 。
12. 姨妈的丈夫叫 _____ 。
13. 你叔叔的儿子是你的 _____ 。
14. 你姑妈的女儿是你的 _____ 。
15. 你是你爷爷的 _____ 。
16. 你是你外婆的 _____ 。

3 造句（至少用上其中的两个词）

1. 结婚　　旅游　　国外 → _____
2. 年轻人　自然　　观光 → _____
3. 称呼　　西方人　不同 → _____
4. 访问　　介绍　　进一步 → _____
5. 著名　　游览　　风土人情 → _____

86

4 根据你自己的情况回答下列问题(可以问父母)

1. 你出生在哪年哪月?
2. 你的一周岁生日是在哪儿过的?怎么过的?
3. 你几岁上小学一年级?在哪儿上的小学?
4. 你几岁掉的第一颗牙?
5. 你上小学时有没有转过学?转过几次?
6. 你小时候,哪一年的生日过得最开心?是在哪儿过的?怎么过的?
7. 你哪年上的中学?

5 组句(不用加任何词)

1. 舅舅 的 隔壁 新买 房子 在我家。→
2. 姨妈 好几次 北京 去过。→
3. 举行 我们 星期六 学校 运动会。→
4. 没有 抓到 那个 警察 小偷。→
5. 夜里 我 做梦 常常。→
6. 把 船 他 在岸边 停。→
7. 墙壁上 一张海报 挂着。→
8. 年轻人 农村里 很多 有 打工 去 城里。→
9. 买 很多人 化妆品 喜欢 去 名牌时装 巴黎 和。→
10. 很地道 的 上海菜 这家饭店 得 做。→

6 读一读，写一写

> 我们家算不上是个大家庭。我爸爸家有爷爷、奶奶、伯父、伯母、姑姑和姑夫。伯父、伯母没有子女，姑姑和姑夫去年才结婚，还没有孩子。我妈妈家有外公、外婆、一个舅舅、一个姨妈和姨夫。我舅舅还没有结婚，我姨妈和姨夫有一个儿子和两个女儿。我有两个兄弟姐妹：我大哥和小妹，我是老二。

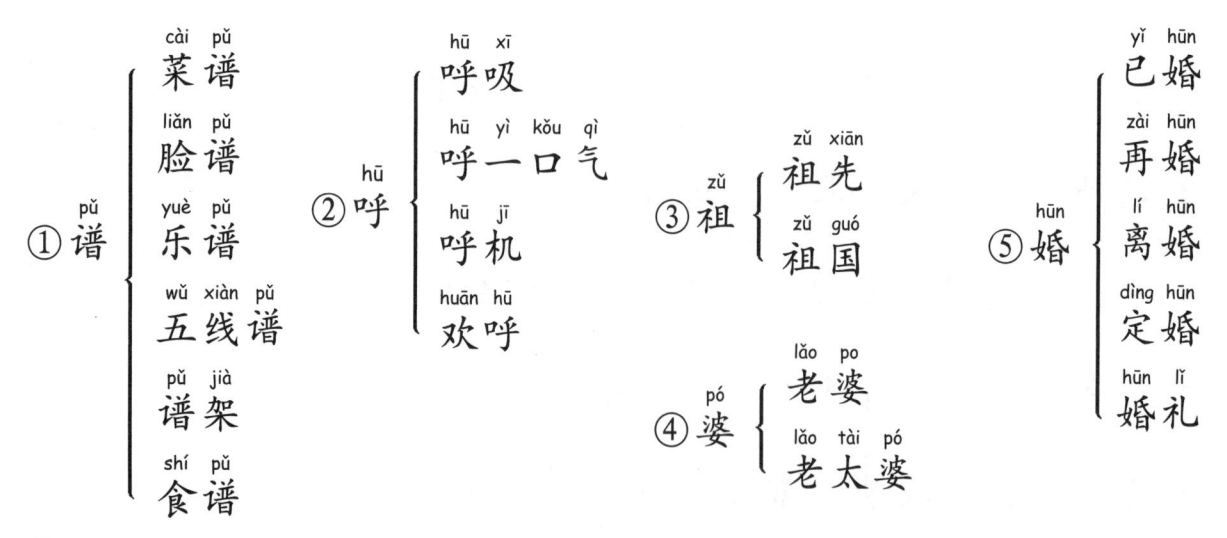

该你了！ 用 100 个字介绍你们家的亲属

7 词汇扩展

① pǔ 谱
- cài pǔ 菜谱
- liǎn pǔ 脸谱
- yuè pǔ 乐谱
- wǔ xiàn pǔ 五线谱
- pǔ jià 谱架
- shí pǔ 食谱

② hū 呼
- hū xī 呼吸
- hū yì kǒu qì 呼一口气
- hū jī 呼机
- huān hū 欢呼

③ zǔ 祖
- zǔ xiān 祖先
- zǔ guó 祖国

④ pó 婆
- lǎo po 老婆
- lǎo tài pó 老太婆

⑤ hūn 婚
- yǐ hūn 已婚
- zài hūn 再婚
- lí hūn 离婚
- dìng hūn 定婚
- hūn lǐ 婚礼

8 解释下列词语（注意带点的字）

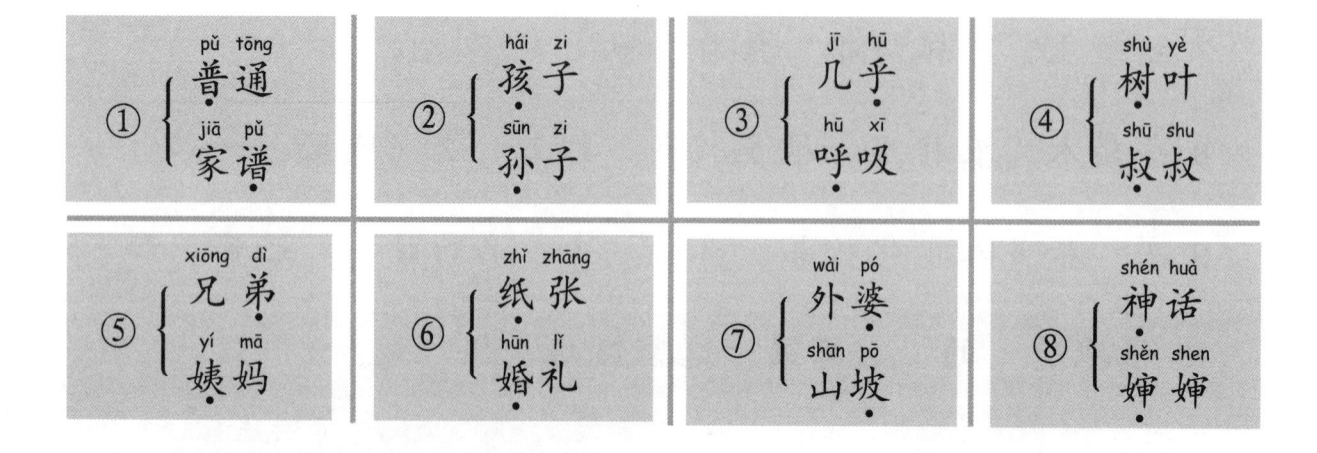

① pǔ tōng 普通 / jiā pǔ 家谱

② hái zi 孩子 / sūn zi 孙子

③ jī hū 几乎 / hū xī 呼吸

④ shù yè 树叶 / shū shu 叔叔

⑤ xiōng dì 兄弟 / yí mā 姨妈

⑥ zhǐ zhāng 纸张 / hūn lǐ 婚礼

⑦ wài pó 外婆 / shān pō 山坡

⑧ shén huà 神话 / shěn shen 婶婶

9 填充

有一次,阿凡提被皇帝抓起来,关进了牢房。一天早____,皇帝来到牢____门口问阿凡提:"人家都说你很聪____,你算一算,你能活到哪一天?"阿凡提算了一____,伤心地说:"我只能活____今天!"皇帝笑着说:"你真聪明!"阿凡提说:"我不仅能算出我能活到哪一天,____可以算出别人能活到哪一天。"皇帝连忙说:"你能算____我活到哪一天吗?"阿凡提算了算,十分高____地说:"我算出来____,你比我多活一天!"皇帝听后,立____放了阿凡提,没有杀死他。

10 填充

| 的 | 地 | 得 |

1. 他____文章写____条理不清,前后矛盾。
2. 这把尺子是我昨天刚买____。
3. 汉字要一笔一划____写。
4. 绿叶蔬菜____纤维含量比较高。
5. 爸爸把车慢慢____倒进了车库。
6. 他满不在乎____说了声"对不起"就走了。
7. 这个菜做____太咸了,没法吃。
8. 姐姐快结婚了。妈妈一针一线____为她绣了一块漂亮____桌布。
9. 我____外祖父、外祖母二十年代就移居美国了。
10. 她总是把简单____事情想象____很复杂。
11. 叔叔高兴____告诉我他和婶婶明天去欧洲旅行结婚。
12. 我们____导游讲一口流利____英语、法语和德语。

11 读一读，写一写

孔融让梨

孔融是孔子的第20代孙子，____于东汉末年。孔融____七个，他排行第六。

孔融四岁那年夏天，有一天吃完午饭，父亲叫仆人从树上摘下来一盘梨，放在桌上，让____吃。孔融的兄弟们见到梨，____地跳了起来。父亲让孔融先拿梨，孔融在装着梨的盘子前站了一会儿，____挑了一个最小的梨。他父亲感到很奇怪，问他："你为什么不挑一个大的？"孔融却说："我____小，所以____吃一个小的。"全家见孔融这么懂事，又____又伶俐，就更喜欢他了。后来，孔融一直勤奋、____，____成了中国古代历史上一位有名的文学家。

查字典：

1. 末年 mò nián
2. 排行 pái háng
3. 仆人 pú rén
4. 摘 zhāi
5. 挑 tiāo
6. 奇怪 qí guài
7. 懂事 dǒng shì
8. 伶俐 líng lì
9. 勤奋 qín fèn

根据上文回答下列问题：

1. 孔融跟孔子是什么关系？
2. 那盘梨是哪儿来的？
3. 孔融挑了一个什么样的梨？为什么？
4. 孔融小时候是个什么样的孩子？
5. 孔融后来有什么作为？

用所给的词语填空：

年纪	终于
可见	好学
出生	聪明
高兴	应该
事先	大家
弟兄	最后

作文：介绍一个你熟悉的历史人物或故事。

12 就划线部分提问

例子：我姥姥喜欢<u>种花、集邮</u>。 → 你姥姥喜欢做什么？

1. 叔叔和婶婶是<u>1985</u>年结婚的。 →
2. 白金汉宫是<u>英国皇家</u>的居所。 →
3. 修理这台空调大概需要<u>两天</u>。 →
4. 我们今天下午去看<u>龙舟比赛</u>。 →
5. 名古屋是<u>日本</u>的一个城市。 →
6. 他昨天买了<u>一个奶油蛋糕</u>。 →
7. 她爸爸是<u>作曲家</u>。 →
8. 今年春节是<u>二月</u><u>十七日</u>。 →

13 翻译

1. 在中国，一对夫妇一般只能生一个孩子。如果这样下去，今后就没有叔叔、伯伯、姨妈和舅舅了，也没有表兄弟姐妹和堂兄弟姐妹了。

2. 在这个山村里，很多老人都活过了百岁。有些老奶奶六十多岁了，头发还是乌黑的，身体很健康，还能下地干活。

3. 我姥姥虽然长得不算漂亮，但是五官端正，很清秀。

4. 她很注意饮食，口味很清淡，还时常做运动，怪不得她很少生病。

5. 这段山路弯弯曲曲，司机开车得思想特别集中，慢慢开。

6. 要想真正了解中国的文化，有能力的学生就要读原汁原味的中文书。

7. 大概他事先已经作好了思想准备，所以当他知道这次高考没有考上名牌大学时，他并没有觉得太难过。

14 翻译

中国的传统家庭指的是三世同堂或四世同堂，也就是说一家几代人住在一起。有些大家庭有几十个人住在同一幢大房子里。家里的很多事都由一家之主，也就是年纪最大的人决定。在这种家庭里长辈要照顾小辈，小辈要孝顺长辈。

最近几十年，中国的家庭结构发生了很大变化，传统的大家庭渐渐消失了。现在造的高楼也不适合几十个人住在一起。还有，现在的年轻人不太喜欢跟父母亲、祖父母住在一起，因为他们希望有更多的自由和空间。

查字典：
1. 决定 jué dìng
2. 长辈 zhǎng bèi
3. 照顾 zhào gu
4. 小辈 xiǎo bèi
5. 孝顺 xiào shùn
6. 结构 jié gòu
7. 渐渐 jiàn jiàn
8. 消失 xiāo shī
9. 空间 kōng jiān

根据上文回答下列问题：

1. 中国的传统家庭里几代人住在一起？
2. 在中国的传统家庭里谁是一家之主？
3. 现代的中国家庭是更大了还是更小了？
4. 为什么年轻人喜欢自己住？

15 回答下列问题

1. 你今年多大了？
2. 你有多高？
3. 你的体重是多少？
4. 在你的汉语班里有几个英国学生？
5. 学校离你家有多远？
6. 你们学校一共有多少个学生？

16 读一读，写一写

一个特别的母亲节

每年5月的第二个星期日是美国人的母亲节，可是2000年5月14日的这个母亲节与往年不同。那天有近70个城市的妇女举行了"百万母亲大游行"，目的是为了反对美国越来越恶化的枪支暴力。

目前美国个人手中的枪支已有2.35亿支，差不多人手一支。自1972年以来，美国每年死于枪支造成的他杀、意外受伤及自杀的人数已超过3万人。

在首都华盛顿，来自全国各地的10多万名妇女参加了当天的游行活动。

词语解释：

1. 往年 in former years
2. 举行 hold (a meeting, ceremony, etc.)
3. 游行 parade; march
4. 目的 purpose; aim; end
5. 反对 oppose; be against; fight
6. 恶 evil
7. 枪支 firearms
8. 暴力 violence
9. 差不多 about the same; similar
10. 造成 cause; give rise to
11. 他杀 homicide
12. 意外 unexpected; accident
13. 自杀 commit suicide
14. 华盛顿 Washington

根据上文判断正误：

☐ 1) 美国每年有3万人自杀。

☐ 2) 差不多每一个美国人有一支枪。

☐ 3) 每年的母亲节，美国的妇女都举行大游行。

☐ 4) 2000年5月14日，除了华盛顿以外，美国的其他城市也有母亲大游行。

☐ 5) 举行"百万母亲大游行"是为了反对越来越严重的枪支暴力。

作文：记一次特别的父亲节/母亲节，内容包括：

— 从早到晚你为爸爸/妈妈作了什么安排
— 你给爸爸/妈妈买了什么礼物
— 你给爸爸/妈妈做/买了什么好吃/喝的
— 为什么这次父亲节/母亲节过得很特别

阅读(七) 愚公移山

1 根据课文回答下列问题

1. 愚公一家人为什么要搬走他们门前的两座大山？
2. 智叟是个什么样的人？
3. 智叟为什么觉得愚公很傻？
4. 你觉得愚公家门前的两座山最后能被搬走吗？

2 词汇扩展

① 精 {
  酒精 jiǔ jīng
  味精 wèi jīng
  香精 xiāng jīng
  精兵 jīng bīng
  精彩 jīng cǎi
  精读 jīng dú
  精干 jīng gàn
  精华 jīng huá
  精简 jīng jiǎn
  精力 jīng lì
  精装 jīng zhuāng
  精美 jīng měi
  精品 jīng pǐn
  精巧 jīng qiǎo
  精确 jīng què
  精神(病) jīng shén (bìng)
  精神世界 jīng shén shì jiè
  精神准备 jīng shén zhǔn bèi
  精通 jīng tōng
  精心 jīng xīn
  精英 jīng yīng
}

② 辛 {
  千辛万苦 qiān xīn wàn kǔ
  辛酸 xīn suān
}

③ 泥 {
  土豆泥 tǔ dòu ní
  泥浆 ní jiāng
  泥人 ní rén
  印泥 yìn ní
}

④ 智 {
  智力 zhì lì
  智商 zhì shāng
}

⑤ 移 {
  移动 yí dòng
  移居 yí jū
  移民局 yí mín jú
  转移 zhuǎn yí
}

⑥ 堵 {
  堵车 dǔ chē
  堵塞 dǔ sè
  一堵墙 yì dǔ qiáng
}

⑦ 傻 {
  装傻 zhuāng shǎ
  傻瓜相机 shǎ guā xiàng jī
  傻乎乎 shǎ hū hū
  傻话 shǎ huà
  傻头傻脑 shǎ tóu shǎ nǎo
  傻笑 shǎ xiào
  傻样 shǎ yàng
  傻子 shǎ zi
}

⑧ 苦 {
  苦干 kǔ gàn
  苦瓜 kǔ guā
  苦活儿 kǔ huór
  苦口婆心 kǔ kǒu pó xīn
  苦力 kǔ lì
  苦命 kǔ mìng
  苦笑 kǔ xiào
  苦心 kǔ xīn
}

3 配对

1. 书香门第
2. 时不再来
3. 数一数二
4. 自以为是
5. 素不相识
6. 无价之宝
7. 无所不知
8. 无所用心

a. 不要错过好机会
b. 自己认为自己是对的
c. 世代读书人家
d. 不能算第一，也能算第二
e. 非常宝贵的东西
f. 从来不认识
g. 对什么事情都不动脑子，不关心
h. 没有什么不知道的

4 解释下列词语（注意带点的字）

① { 拐弯 / 海湾 }
② { 著名 / 堵车 }
③ { 眼睛 / 清淡 }
④ { 事情 / 精明 }
⑤ { 呢子 / 泥土 }
⑥ { 辛苦 / 辣味 }
⑦ { 胡子 / 苦瓜 }
⑧ { 一般 / 搬家 }

5 翻译

1. 昨天我过生日，有一位朋友送给我一本蛋糕食谱，里面精美的蛋糕图片让我直流口水。

2. 西方人同事之间直接称呼对方的名字，而中国人却会称呼对方的姓，但会在姓前边加上一个"老"或"小"字，如"老张"、"小李"等。

3. 黄河里的水在上游不是黄色的，只是当河水流经黄土高原时，带下来大量泥沙，才使河水变成了黄色，黄河也因此得名。

第八课　养宠物

1 分类

养宠物的好处	养宠物的坏处

- 跟动物玩，自己也可以放松一下
- 有了宠物会比以前高兴
- 学会想到别人，照顾别人
- 会分心，不专心学习，一天到晚只想跟宠物玩

- 宠物可以成为你忠实的朋友
- 会给你带来很多麻烦
- 每天会用去你一定的时间
- 学会怎样更好地安排时间
- 养宠物太脏
- 每个月要花费很多钱

2 翻译

1. 我叔叔一家五口人去年移民去了加拿大。
2. 每天都让你帮忙，太麻烦你了。
3. 他在北京清华附中读初三。
4. 她家有很多亲戚。
5. 要想有健康的身体，你必须吃得健康，还要经常运动。
6. 在这个博物馆里，游客不准拍照。
7. 我爷爷、奶奶年纪大了，需要人照顾。

3 阅读理解

两只小猫

有一次，我们一家人去爬山，在山坡上看到两只刚出世不久的小花猫。一只身上有棕黄色的条子，另一只是米黄色的，身上还有很多黑点。它们都长着圆圆的黑眼睛，小鼻子不停地呼吸，看见我们"喵喵"地叫个不停。我们觉得它们好可爱，就把它们带回家了。

我们从来没养过猫，所以我们到宠物店买了篮子给它们当床，买了碗、碟给它们吃饭、喝水用，买了玩具给它们玩，还弄来了沙子给它们拉屎、撒尿。我们把它们养在阳台上。我跟哥哥每天放学回家，第一件事就是喂猫。

可是自从有了猫，妈妈可累坏了。她特别爱干净，不停地打扫阳台，为它们洗碗、碟，换沙子，还要带它们去兽医那里打针，忙得不得了。

这两只猫给我们一家带来了欢乐，也带来了不少麻烦。后来，暑假到了，我们全家要出去度假一个月，所以最后还是决定把猫送人了。

猜一猜：
1. 山坡
2. 碟
3. 弄
4. 沙子
5. 拉屎
6. 撒尿
7. 打扫
8. 兽医
9. 不得了
10. 欢乐

根据上文回答下列问题：

1. 他们是在哪儿看见这两只猫的？

2. 他们以前养过猫吗？

3. 为了养猫，他们买了什么东西？

4. 他们把猫养在哪儿了？

5. 养猫给妈妈添了什么麻烦？

6. 后来这两只猫怎样了？

4 填充

a. 必须 must
b. 可以 can; may
c. 能 can; be able to
d. 会 can; be able to
e. 要 want; must; should
f. 不用 no need
g. 应该 should
h. 不准 not allow

1. 外国人去中国旅游 <u>应该</u> 先办签证。
2. 你一直往前走，<u>不用</u> 拐弯。
3. 当一个好老师 <u>必须</u> 有爱心。
4. 妈妈，我饿了。我 <u>可以</u> 先吃吗？
5. 我今天下午有事儿，不 <u>能</u> 帮你搬家。
6. 学好一门外语 <u>必须</u> 下苦功夫。
7. 我 <u>要</u> 买一部21英寸的电视机。
8. 那个男孩只有十岁，<u>会</u> 说三种语言。
9. 路上车辆很多，你 <u>应该</u> 慢点儿开。
10. 白天照相 <u>不用</u> 打闪光灯。
11. 这里有双黄线，<u>不准</u> 停车。
12. 做这道题 <u>能</u> 用计算器。

5 填充

散步　活泼　起名　体会　出世　关心　麻烦　属　照顾　忠实

1. 我现在才 _____ 到养宠物不是一件容易的事。
2. 我姨妈上个星期生了个女孩，他们还没有给她 _____ 呢！
3. 小王性格 _____ ，又肯吃苦，工作很认真，大家都喜欢他。
4. 如果你养狗，你得每天带它出去 _____ 。
5. 养鸟或金鱼不会给你添太多的 _____ 。
6. 小冬 _____ 才三天，他奶奶就去世了。
7. 如果我是在1990年5月出生的，我应该 _____ 什么？
8. 去年祖母生了一场大病，但是在妈妈的精心 _____ 下，她很快就康复了。

6 读一读，写一写

亲爱的家正：

你好！

好久没有给你写信了。你近来好吗？我最近养了一只猫，两个月大。它的毛是黑色的，长得虎头虎脑，真像一只小老虎，所以我叫它"小虎子"。它活泼可爱，爱吃鱼、虾，还喜欢睡觉。它喜欢跟我睡，但是妈妈不准它上我的床。

我还要告诉你，上个星期我的一条大金鱼死了。这条金鱼我养了有两年。我很伤心，我哭了。

祝好！

笔友：何军

6月12日

猜一猜：

1. hǔ tóu hǔ nǎo 虎头虎脑 — like a tiger
2. shāng xīn 伤心
3. kū 哭

7 词汇扩展

① má 麻
- má bù 麻布
- dǎ má jiàng 打麻将
- má yào 麻药
- shǒu jiǎo má lì 手脚麻利

② shǔ 属
- jīn shǔ 金属
- jiā shǔ 家属
- qīn shǔ 亲属
- jūn shǔ 军属
- fù shǔ yī yuàn 附属医院
- shǔ xiàng 属相

③ zhōng 忠
- zhōng gào 忠告
- zhōng yán 忠言
- zhōng xīn 忠心

④ zāng 脏
- zāng wù 脏物
- zāng huà 脏话

⑤ fù 副
- fù xiào zhǎng 副校长
- fù běn 副本
- fù shǒu 副手
- fù shí pǐn 副食品
- fù zuò yòng 副作用
- yí fù yǎn jìng 一副眼镜

作文：假设你最近养了一只狗或其他宠物，写一封回信，内容包括：

— 你什么时候开始养狗的
— 这只狗长得什么样
— 你喜欢它吗，为什么
— 它给你带来什么欢乐
— 它给你添了什么麻烦 (tiān — increase)

8 填充

| 既……又…… 连……也（都）…… |

1. 他 __既__ 爱吃辣的 __又__ 爱吃酸的。
2. 她 __连__ 西红柿炒蛋 __也__ 不会做。
3. 香港夏天 __既__ 闷热 __又__ 潮湿。
4. 美国 __既__ 是一个大国 __又__ 是一个强国。
5. 他 __连__ 这么简单的问题 __也__ 不能回答。
6. 他学了一年的汉语，__连__ 最简单的日常用语 __都__ 不会说几句。
7. 她妈妈 __既__ 讲究吃 __又__ 讲究穿。
8. 他 __连__ 简体字和繁体字 __也__ 分不清楚。
9. 去东京旅游 __既__ 可以逛街 __又__ 可以购物。
10. 他爷爷病得很重，__连__ 头 __都__ 抬不起来。

9 根据你自己的情况回答下列问题

1. 什么事会使你开心？
2. 什么事会给你添麻烦？
3. 在你的汉语班里，哪个同学既活泼又聪明？
4. 很多人认为"狗是人类最忠实的朋友"，你同意吗？为什么？
5. 养宠物会使人有爱心，你同意吗？为什么？
6. 你属什么？你的星座是什么？
7. 你有中文名字吗？是谁帮你起的？什么意思？
8. 如果你没有中文名字的话，帮你自己起一个名字。你会起什么名字？什么意思？

10 阅读理解

十二生肖的故事

很久以前,玉皇大帝决定奖赏世界上最高贵的动物。所有的动物都觉得自己是最高贵的,所以它们争吵了起来。你一言,我一语,最后还是不能决定谁是最高贵的。于是,玉皇大帝决定举行一场赛跑,看谁跑得最快。动物们个个拿出自己的本领。老鼠最聪明,它骑在牛背上,到终点时,它突然从牛背上跳下来,结果得了第一,牛得了第二,老虎第三,兔子第四,龙第五,蛇第六,马第七,第八是羊,第九是猴子,第十、十一是鸡和狗,最后一名是猪。从那以后,这十二种动物就成了十二生肖,也叫属相。

查字典:
1. 玉皇大帝
2. 奖赏
3. 高贵
4. 争吵
5. 赛跑
6. 本领
7. 终点
8. 结果
9. 属相

根据上文判断正误:

☐ 1) 玉皇大帝要跟其他动物商量才能决定谁是世界上最高贵的动物。

☐ 2) 在赛跑中跑得最慢的动物就是世界上最高贵的。

☐ 3) 在这十二种动物中老鼠最聪明,它一点儿力气都没费就得了第一名。

☐ 4) 赛跑结果是龙排在第五名。

☐ 5) 狗跑了倒数第二名。

☐ 6) 蛇排在兔子和马中间。

☐ 7) 在赛跑前,玉皇大帝就已经决定好了中国的十二生肖排名。

11 读一读，写一写

童年趣事

1 我五岁的时候养了一只小鸟。我每天跟它玩，喂它。有一天，我忘了把笼子关上，它乘机飞走了，从此再也没有回来。

2 我小时候学过弹钢琴，但是弹得不好。我还学过唱歌，但是也唱得不好。其实我一点儿都不喜欢音乐，可是我父母亲硬让我学，我只好一边哭一边练。

3 我小时候特别爱哭。如果我把东西打坏了，我会先哭。我不听我妈妈的话，但是我怕我爸爸。

4 我记得第一天去上小学，哭着不肯进教室，一直拉着妈妈的手，说要回家。

5 我五岁到八岁是在农村度过的。我住在外婆家，那时候外婆家养了好几头猪，我每天定时喂它们。一年后猪长大了，外婆要把它们卖了，我哭着求外婆别把它们卖掉。

6 我小时候很调皮。如果男孩子不跟我玩，我就跟他们打架。可以这么说，我小时候像个假小子，一点儿都不像个女孩。

7 我上三年级的时候开始集邮，我一般用我的零用钱来买邮票。我大概收集了二十多个国家的邮票，它们让我长了很多见识。

猜一猜：

1. lóng zi 笼子
2. chéng jī 乘机
3. cóng cǐ 从此
4. bā lěi wǔ 芭蕾舞
5. tiáo pí 调皮
6. dǎ jià 打架
7. xiǎo zi 小子

该你了！

写一段你的童年趣事

12 画出以下指示牌

1. 禁止吸烟
2. 不准入内
3. 禁止通行
4. 严禁烟火
5. 禁止停车
6. 禁止倒垃圾
7. 不许拍照
8. 禁止张贴

注释:

1. "不可以"、"不能" cannot

   a. 外面在下大雨,你不可以出去。
   It is raining outside, you cannot go out.

   b. 你不能去游泳,你还在生病呢。
   You cannot go swimming, you are still sick.

2. "不准"、"不许" not allowed (used in speech and for signs as well)

   a. 现在不许看电视。
   You are not allowed to watch TV now.

   b. 不准一边做作业一边听音乐。
   You are not allowed to listen to music while doing homework.

3. "禁止" prohibit

   "严禁" strictly forbidden

   a. 禁止超车 No overtaking.

   b. 严禁火种 Fire is strictly forbidden.

13 解释下列词语(注意带点的字)

① { 赛龙舟 sài lóng zhōu / 宠物 chǒng wù }
② { 头发 tóu fa / 活泼 huó po }
③ { 时候 shí hou / 猴子 hóu zi }
④ { 晚上 wǎn shang / 兔子 tù zi }
⑤ { 颜色 yán sè / 麻烦 má fan }
⑥ { 衣领 yī lǐng / 必须 bì xū }
⑦ { 闹钟 nào zhōng / 忠实 zhōng shí }
⑧ { 大概 dà gài / 既然 jì rán }

14 读一读，写一写

看电视的好处
— 帮助我们了解、认识世界
— 是一种娱乐，是生活的一部分
— 让我们大开眼界
— 不出门就可以看到世界各地的风景
— 知道世界大事
— 工作、学习后，看看电视也是一种休息

看电视的坏处
— 看电视时，不用动脑子
— 没有时间看书、聊天、做游戏
— 电视看得太多对眼睛不好
— 电视上会有不适合青少年看的东西
— 老是看电视，不做运动，不利于身体健康

该你了！

任选一个题目：

①上网的好处	上网的坏处
②有手机的好处	有手机的坏处
③骑自行车的好处	骑自行车的坏处

15 配对

1. 外面正在打雷，
2. 他晚上要开车，
3. 考试正在进行，
4. 为了居民小区的卫生，
5. 你今天有点儿发烧，
6. 小偷在车上，还没有抓到，
7. 我们在上汉语课，
8. 这是走火通道，
9. 他嗓子疼，还咳嗽，
10. 他拉肚子，
11. 学生们正在看书，
12. 你的鞋上有太多泥，

a. 不准入内！
b. 不准去游泳！
c. 不准出去！
d. 不能一直说英语。
e. 门前不许停车！
f. 不可以喝酒。
g. 不准从楼上往下面扔东西。
h. 不可以吃辣的东西。
i. 不要喝冻牛奶。
j. 不许下车！
k. 不准进实验室。
l. 不许大声说话！

16 填充

龟兔赛跑

有一天，兔子要跟乌龟赛跑，看谁先跑到大树下，乌龟同意了。比赛开____了，兔子一____儿就跑得很远，回头看看乌龟还在后面慢慢____爬。兔子心想，我一定会赢，先睡一觉，休____一会儿，然后兔子就睡____了。乌龟在后____爬呀爬，爬到了兔子的身边，它累坏了。可____它没休息，仍接着往前____。乌龟爬到离大树只有几步远时，兔子醒了，它看____乌龟快到目的地了，这时才着急起来，可是已____太晚了。最后还是乌龟赢了。

17 阅读理解

龙

一提到中国，人们自然会想到龙。西方人称中国为"东方巨龙"，中国人称自己是"龙的传人"。中国一些传统节日也与龙分不开：春节时有舞龙，端午节时赛龙舟，中秋节时玩龙灯。为了安全，人们还把龙装饰在房屋、桥梁上；希望子女上进，便说成是"望子成龙"。龙在中国人的生活中十分重要。

实际上龙是不存在的，它是中华民族创造出来的一种动物。传说古时候，每个部落都用一种动物作为自己的图腾。强大的部落打败了弱小的部落后，就把小部落图腾的一部分加在自己部落的图腾上。这样到最后就成了今天龙的样子。因此，在龙的身上可以看到其他动物的影子：它有鹿角，头像马、眼像虾、脖子像蛇、爪像鹰、耳像牛、掌像虎等。

龙纹罐

词语解释：
1. 分开 separate
2. 装饰 decorate
3. 房屋 houses or buildings
4. 桥梁 bridge
5. 望子成龙 long to see one's son to succeed in life
6. 存在 exist
7. 部落 tribe
8. 图腾 totem
9. 打败 defeat
10. 弱小 small and weak
11. 鹿角 dear's horn
12. 脖子 neck
13. 爪 claw
14. 鹰 eagle
15. 掌 palm

根据上文回答下列问题：

1. 为什么人们把中国跟"龙"联系在一起？
2. 哪些传统节日里的活动跟"龙"有关？
3. "望子成龙"是什么意思？
4. "龙"是一种什么样的动物？
5. 传说中的"龙"是怎样形成的？

阅读(八) 东郭先生和狼

1 根据课文回答下列问题

1. 东郭先生是个什么样的人？
2. 那只狼求东郭先生做什么？
3. 东郭先生想了什么办法来救狼？
4. 你觉得东郭先生很善良还是很傻？
5. 狼为什么想吃东郭先生？
6. 最后谁救了东郭先生？
7. 狼是怎样被打死的？

2 配对

1. 狼 (láng)
2. 读书人 (dú shū rén)
3. 闷 (mēn)
4. 善良 (shàn liáng)
5. 背 (bèi)
6. 口袋 (kǒu dài)
7. 生气 (shēng qì)
8. 傻 (shǎ)

a. 透不过气来 (tòu bú guò qì lai)
b. 一种食肉动物，外型像狗 (yì zhǒng shí ròu dòng wù, wài xíng xiàng gǒu)
c. 知识分子 (zhī shi fèn zǐ)
d. 心地好，没有恶意 (xīn dì hǎo, méi yǒu è yì)
e. 不合心意而不高兴 (bù hé xīn yì ér bù gāo xìng)
f. 身体的一部分 (shēn tǐ de yí bù fen)
g. 不明事理，死心眼 (bù míng shì lǐ, sǐ xīn yǎn)
h. 用布做成的，装东西的用具 (yòng bù zuò chéng de, zhuāng dōng xi de yòng jù)

3 解释下列词语(注意带点的字)

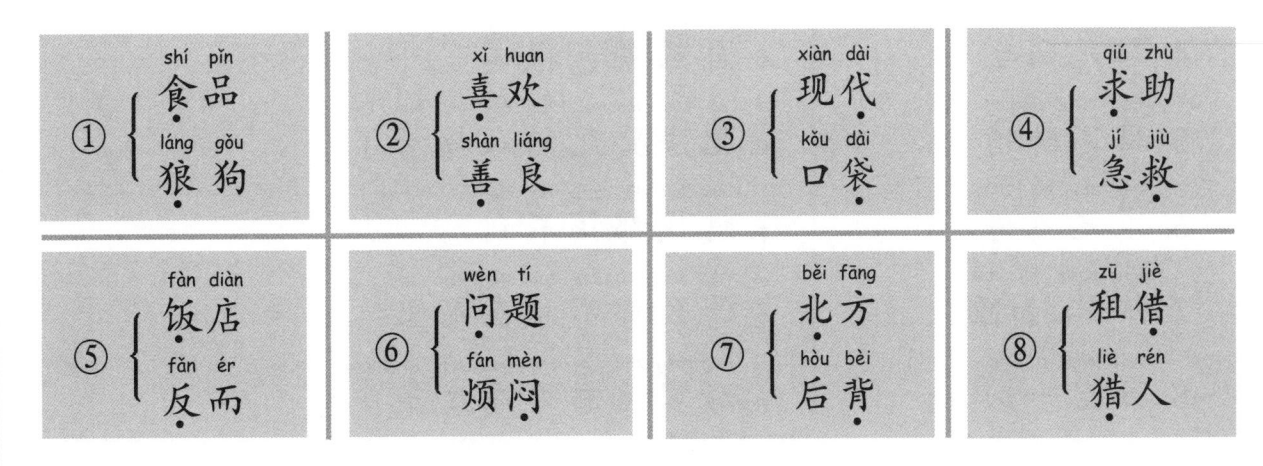

① 食品 (shí pǐn) / 狼狗 (láng gǒu)
② 喜欢 (xǐ huan) / 善良 (shàn liáng)
③ 现代 (xiàn dài) / 口袋 (kǒu dài)
④ 求助 (qiú zhù) / 急救 (jí jiù)
⑤ 饭店 (fàn diàn) / 反而 (fǎn ér)
⑥ 问题 (wèn tí) / 烦闷 (fán mèn)
⑦ 北方 (běi fāng) / 后背 (hòu bèi)
⑧ 租借 (zū jiè) / 猎人 (liè rén)

4 词汇扩展

① 袋（dài）
- 旅行袋 lǚ xíng dài
- 工具袋 gōng jù dài
- 衣袋 yī dài
- 一袋瓜子 yí dài guā zǐ
- 脑袋 nǎo dai
- 袋鼠 dài shǔ

② 闷
- 闷热 mēn rè
- 闷闷不乐 mèn mèn bú lè
- 苦闷 kǔ mèn

③ 救 jiù
- 救护车 jiù hù chē
- 救护中心 jiù hù zhōng xīn
- 救生员 jiù shēng yuán
- 救生衣 jiù shēng yī
- 救助 jiù zhù
- 救命 jiù mìng
- 不可救药 bù kě jiù yào

④ 藏（cáng）
- 藏书 cáng shū
- 收藏品 shōu cáng pǐn
- 藏龙卧虎 cáng lóng wò hǔ
- 无处藏身 wú chù cáng shēn
- 西藏 xī zàng

⑤ 良 liáng
- 良好环境 liáng hǎo huán jìng
- 良机 liáng jī
- 苦口良药 kǔ kǒu liáng yào
- 良心 liáng xīn

⑥ 善 shàn
- 善事 shàn shì
- 善心 shàn xīn
- 善意 shàn yì
- 善于 shàn yú
- 善变 shàn biàn
- 能歌善舞 néng gē shàn wǔ

⑦ 猎
- 打猎 dǎ liè
- 猎狗 liè gǒu
- 猎物 liè wù

5 配对

1. 天造地设 tiān zào dì shè
2. 对答如流 duì dá rú liú
3. 开门见山 kāi mén jiàn shān
4. 起死回生 qǐ sǐ huí shēng
5. 目不转睛 mù bù zhuǎn jīng
6. 求之不得 qiú zhī bù dé
7. 江山如画 jiāng shān rú huà
8. 目空一切 mù kōng yí qiè

a. 形容反应快，口才好 xíng róng fǎn yìng kuài, kǒu cái hǎo
b. 比喻说话、写文章一开头直接了当 bǐ yù shuō huà, xiě wén zhāng yì kāi tóu zhí jiē liǎo dàng
c. 自然形成而合乎理想 zì rán xíng chéng ér hé hū lǐ xiǎng
d. 自然景色很美 zì rán jǐng sè hěn měi
e. 把快要死的人救活了 bǎ kuài yào sǐ de rén jiù huó le
f. 想找都找不到 xiǎng zhǎo dōu zhǎo bu dào
g. 什么都不放在眼里 shén me dōu bú fàng zài yǎn li
h. 形容注意力高度集中 xíng róng zhù yì lì gāo dù jí zhōng

第九课 我的奶奶

1 造句（至少用上其中的两个词）

1. 身材　矮小　清秀→_____
2. 优点　诚实　心地善良→_____
3. 缺点　耐心　发火→_____
4. 脾气　乐于助人　交朋友→_____
5. 活泼　善良　添麻烦→_____
6. 养宠物　好处　坏处→_____
7. 亲戚　住　见面→_____
8. 著名　游览　名胜古迹→_____

2 翻译（注意带点的补语）

1. 请大家把书本拿出来。
2. 这本书你看完以后把它放回去。
3. 你要的词典我买回来了。
4. 有问题的同学，请把手举起来。
5. 请同学们站起来，跟我一起做这几个动作。
6. 这件事说起来容易，做起来难。
7. 房间里突然飞进来一只鸟。
8. 我把老师讲的内容都记下来了。
9. 请大家把住在郊外的好处和坏处写出来。
10. 这桶油太重，我提不起来。

3 阅读理解

中国的独生子女

中国自从80年代初实行计划生育以来，一对夫妇一般只能生一个孩子，这使中国在二十年内少生了三亿人。

但"一孩化"也为中国的家庭带来了一些问题。独生子女受到太多人的宠爱，他们除了有父母的爱，还有姥姥、姥爷的爱，更有爷爷、奶奶的疼爱。孩子要什么有什么，很容易就成了家里的"小皇帝"。有些孩子容易发脾气，以自我为中心，什么活儿都不会干，自理能力很差，更有的好吃懒做，得了"肥胖症"。父母们因为"望子成龙"，不怕花钱给孩子上各种补习班、兴趣班，上最好的学校，甚至中学就送到国外去留学。这样教育出来的孩子，以后会怎样呢？

查字典：
1. 独生子女
2. 实行
3. 计划
4. 生育
5. 宠爱
6. 疼爱
7. 自理
8. 能力
9. 好吃懒做
10. 肥
11. 症
12. 甚至

根据你自己的情况回答下列问题：

1. 在你们国家有没有这种"小皇帝"？

2. 你觉得应该怎样教育"独生子女"？

3. 你在家是不是很受宠爱？他们是怎样宠你的？

4. 你的家庭教育对你成长有什么影响？

4 阅读理解

星座运程（2003年1月21日）

① 山羊座
（12月22日—1月20日）
你的朋友会对你做的事情不满意，他会对你发火。

② 水平座
（1月21日—2月19日）
如果你想成功，那么你要更加努力地工作和学习。

③ 双鱼座
（2月20日—3月20日）
你最近交了一个新朋友，你要多花点时间跟他在一起。

④ 白羊座
（3月21日—4月20日）
这个星期最好不要出门，因为你的朋友会跟你吵架。

⑤ 金牛座
（4月21日—5月21日）
如果你想做一件从来都没有做过的事，你现在可以开始计划。

⑥ 双子座
（5月22日—6月21日）
这个星期，你会有很多事情要做，你应该找一些朋友帮忙。

⑦ 巨蟹座
（6月22日—7月23日）
这个星期赶快把手头的功课做完，不然就来不及了。

⑧ 狮子座
（7月24日—8月23日）
家人会不喜欢你做的事情，你应该听他们的话。

⑨ 处女座
（8月24日—9月23日）
这个星期你最好不要跟朋友一起出去玩，要跟家人一起出去玩。

⑩ 天秤座
（9月24日—10月23日）
你会得到意想不到的钱，朋友会向你借，不要借给他。

⑪ 天蝎座
（10月24日—11月22日）
圆月会影响你的学习，下一次考试你会考得很好。

⑫ 人马座
（11月23日—12月21日）
这个星期你在学校会有些麻烦，但是你父母亲会站在你一边。

猜一猜：

1. 满意 mǎn yì
2. 成功 chéng gōng
3. 更加 gèng jiā
4. 交朋友 jiāo péng you
5. 来不及 lái bu jí
6. 意想 yì xiǎng

根据你自己的情况填充：

1. 你属于_____星座。

2. 你爸爸属于_____星座。

3. 你妈妈属于_____星座。

4. 上网查资料，写出你下星期的星座运程：_____。

5 词汇扩展

① 优 yōu
- 优美 yōu měi
- 优良 yōu liáng
- 优先 yōu xiān
- 优等 yōu děng
- 优秀 yōu xiù
- 优越 yōu yuè
- 优质 yōu zhì

② 材 cái
- 木材 mù cái
- 钢材 gāng cái
- 药材 yào cái
- 教材 jiào cái
- 器材 qì cái
- 人材 rén cái
- 材料 cái liào

③ 独 dú
- 独唱 dú chàng
- 独舞 dú wǔ
- 独自 dú zì
- 独身 dú shēn
- 独特 dú tè
- 独家 dú jiā
- 独体字 dú tǐ zì
- 独一无二 dú yī wú èr
- 独当一面 dú dāng yí miàn
- 独立王国 dú lì wáng guó
- 独立自主 dú lì zì zhǔ

④ 轻 qīng
- 轻便 qīng biàn
- 轻巧 qīng qiǎo
- 轻视 qīng shì

⑤ 缺 quē
- 缺点 quē diǎn
- 缺德 quē dé
- 缺课 quē kè
- 缺货 quē huò
- 缺口 quē kǒu
- 缺少 quē shǎo

⑥ 耐 nài
- 耐穿 nài chuān
- 耐用 nài yòng
- 耐寒 nài hán
- 耐看 nài kàn
- 耐火 nài huǒ
- 耐热 nài rè
- 耐力 nài lì
- 不耐烦 bú nài fán

⑦ 靠 kào
- 靠背 kào bèi
- 靠边 kào biān
- 靠得住 kào de zhù
- 靠不住 kào bu zhù
- 靠近 kào jìn
- 靠山 kào shān
- 靠天吃饭 kào tiān chī fàn

⑧ 响 xiǎng
- 回响 huí xiǎng
- 音响 yīn xiǎng
- 响亮 xiǎng liàng
- 响尾蛇 xiǎng wěi shé

⑨ 秀 xiù
- 秀美 xiù měi
- 秀气 xiù qì
- 新秀 xīn xiù
- 山清水秀 shān qīng shuǐ xiù

6 造句（至少用上其中的两个词）

1. 独立　性格　优点 → _____
2. 影响　父母亲　成长 → _____
3. 事情　诚实　印象 → _____
4. 缺点　马虎　发火 → _____
5. 靠　赚钱　辛苦 → _____
6. 个性　做人　做事 → _____

7 找反义词

1. 急性子 (jí xìng zi)
2. 内向 (nèi xiàng)
3. 好动 (hào dòng)
4. 马虎 (mǎ hu)
5. 好处 (hǎo chu)
6. 胖 (pàng)
7. 长处 (cháng chu)
8. 优点 (yōu diǎn)
9. 精明 (jīng míng)
10. 问 (wèn)

好静 (hào jìng)　细心 (xì xīn)　安心 (ān xīn)　慢性子 (màn xìng zi)
缺点 (quē diǎn)　外向 (wài xiàng)　傻 (shǎ)　坏处 (huài chu)
答 (dá)　瘦 (shòu)　短处 (duǎn chu)　冲动 (chōng dòng)

8 解释下列词语（注意带点的字）

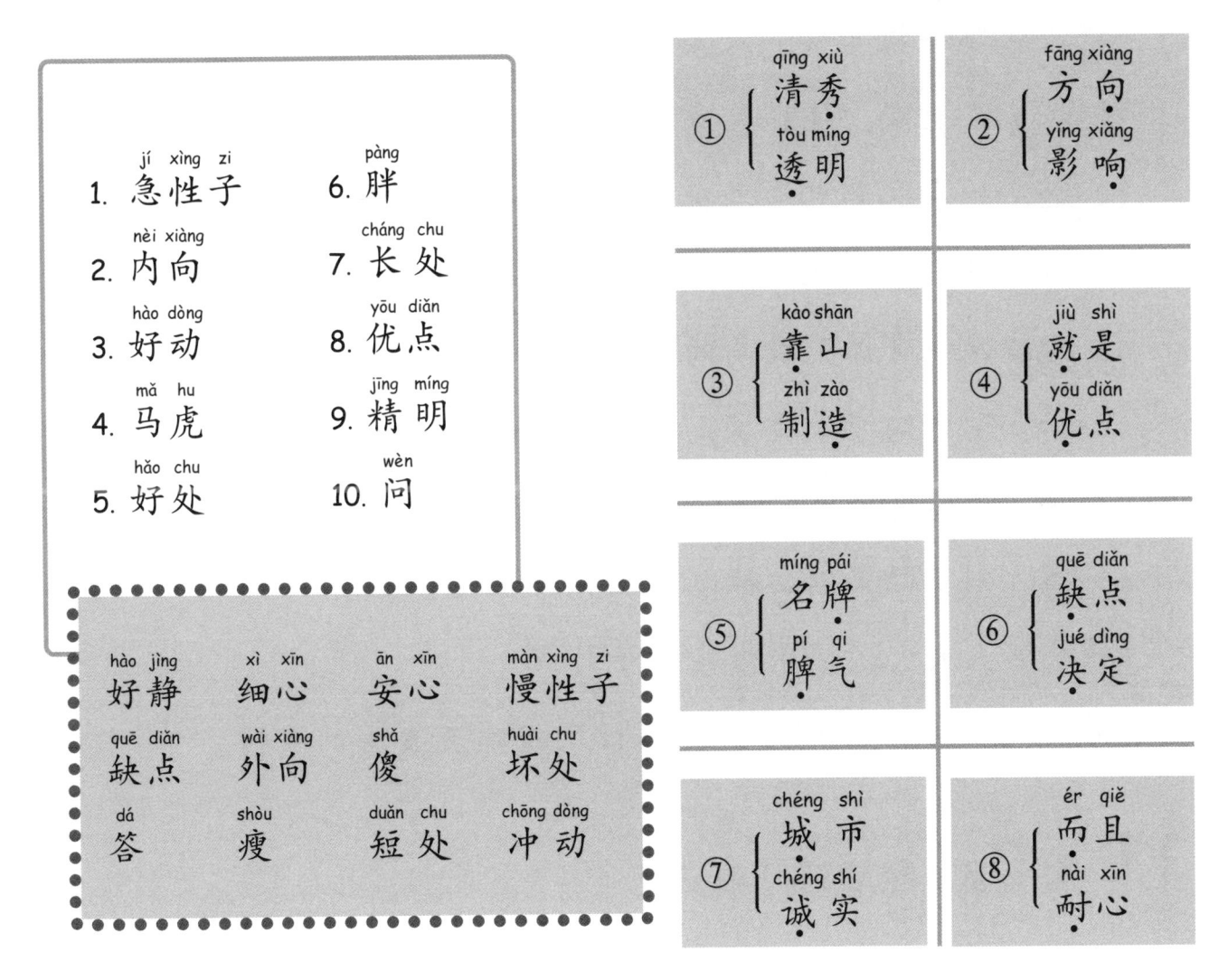

① 清秀 (qīng xiù) / 透明 (tòu míng)
② 方向 (fāng xiàng) / 影响 (yǐng xiǎng)
③ 靠山 (kào shān) / 制造 (zhì zào)
④ 就是 (jiù shì) / 优点 (yōu diǎn)
⑤ 名牌 (míng pái) / 脾气 (pí qi)
⑥ 缺点 (quē diǎn) / 决定 (jué dìng)
⑦ 城市 (chéng shì) / 诚实 (chéng shí)
⑧ 而且 (ér qiě) / 耐心 (nài xīn)

9 写一写

父亲		母亲	
优点	缺点	优点	缺点

10 造句(至少选五个动词)

1. 捉：猫会捉老鼠，人人都知道。
2. 抓：在北京，他抓住每一个机会练习口语。
3. 扮：她在这部电影里扮演妈妈，她演得很好。
4. 拼：弟弟喜欢玩拼图游戏。
5. 摔：在体育课上跳高的时候，他一不小心摔断了右腿。
6. 抬：这张桌子太重了，两个人抬不动。
7. 挑：我妹妹非常挑食，这不吃，那也不吃。
8. 扔：剩下的菜别扔掉，我明天中午吃。
9. 扑：火太大了，很难一下子扑灭。
10. 拉：他把我拉到一边，告诉了我昨天发生的事情。

11 读一读，然后写一篇日记

日记

2003年7月20日　　　　　　　　　　　　天气：阴天

今天是星期天，我们一家三口：爸爸、妈妈和我一起去野生动物园玩。一走进动物园，好几只猴子就朝我走过来，其中一只小猴子看上去特别活泼、可爱，它长了一双又圆又大的眼睛，手脚非常快，一下子就把我手里的面包抢走了。我妈妈看到这情景，大叫了起来："救命！救命！"我爸爸马上赶到，几个动物园工作人员也同时来到，他们把这只猴子赶走了。其实我不怕猴子，倒是妈妈的尖叫声把其他游客吓坏了。

猜一猜：
1. yě shēng 野生
2. qiǎng 抢
3. qíng jǐng 情景
4. jiù mìng 救命
5. qí shí 其实

12 阅读理解

从付钱的动作上看性格

假如你去饭店吃饭，吃完后你要付钱。你会……

1. 先把钱准备好，一吃完就马上付钱。 → 这种人知道赚钱不容易，花钱很小心。吃饭前早算好了该花多少钱。

2. 在口袋或手提包里找钱。找到钱后再付账。 → 这种人花钱比较痛快，但也不是没有计划。

3. 全身四处找钱，不知道钱放在什么地方，最后还是找到了钱。 → 这种人花钱比较马虎，没有计划，过一天算一天。

4. 从钱包中拿出应该付的钱，然后付账。 → 这种人花钱很小心，每一分钱都算着花，不会多花一分钱。

查字典：
1. 动作 dòng zuò
2. 假如 jiǎ rú
3. 付账 fù zhàng
4. 痛快 tòng kuai
5. 四处 sì chù

根据上文回答下列问题：

1. 以上四种人，你属于哪一种？

2. 你爸爸属于哪一种？

3. 你妈妈属于哪一种？

4. 下一次出去买东西或吃饭时，注意一下别人付钱的动作，看看以上的说法有没有道理。

13 填充

姐妹俩

秋月和秋文是姐妹俩,她们相差两岁,但长得一样高。姐妹俩都长得很清_____,而且心_____善良,乐于助_____。姐姐秋月比妹妹性格更独_____,虽然她学习不算用_____,但每次考试在班上都考前几名。妹妹是个慢性子,做什么事都比_____慢,但她比姐姐更有耐_____,很少发脾_____。虽然她学习很努_____,但每次考试她都做不完考题,所以考试成绩常常不太好。姐姐时常帮_____妹妹,姐妹俩关系很好。她们不但是好姐妹,而且是好朋友。

14 发表你的意见

观　点	同意	不一定	不同意
1. 高龄老人一般性格乐观,吃得健康,经常活动。			
2. 会赚钱的人一般没有文化。			
3. 不识字的人不一定笨。			
4. 跟人见面时,第一印象很重要。			
5. 容易发火的人很难跟人合作。			
6. 对你影响最大的人可能是你妈妈。			
7. 晚上经常做梦说明你没有睡好。			
8. 心地善良、乐于助人的人往往有很多朋友。			
9. 做事马虎的人长大后一般没有出息。			
10. 很有个性的人一般交不到知心朋友。			
11. 不诚实的人再有文化也没有用。			
12. 手脚慢的人一般不会发火。			
13. 没有志向的人长大后一般成不了大器。			
14. 几乎每个人都会做错事。			
15. 大部分老师都很耐心,有爱心。			

15 读一读

你喜欢哪个时段

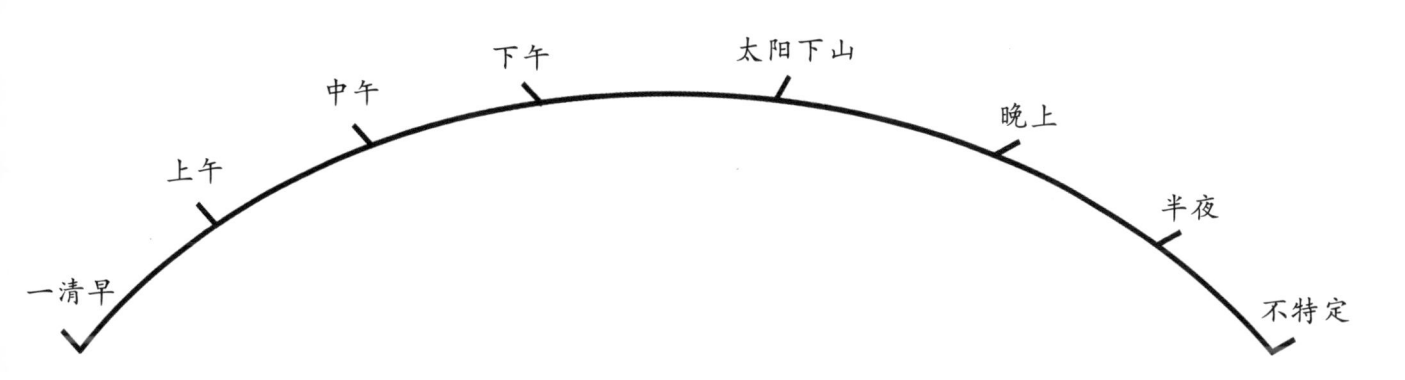

一清早 — 上午 — 中午 — 下午 — 太阳下山 — 晚上 — 半夜 — 不特定

1. 一清早：有活力，身体比较好，有幽默感。
2. 上午：乐观、可靠，工作能力强，往往会花很多时间在功课上。
3. 中午：很热心、健谈，容易跟人相处，有很多朋友。
4. 下午：有足够的精力，虽然慢，但是干起来就停不下来。
5. 太阳下山：爱交朋友，重友情，喜欢与朋友在一起。
6. 晚上：干什么事都讲究，是个完美主义者，知识面比较广。
7. 半夜：这种人跟一般人不同，很有自信。
8. 不特定：这种人可靠，适应能力强。

根据上文回答下列问题：

1. 一天中，你喜欢哪个时段？
2. 不同性格的人喜欢不同的时段。你同意吗？
3. 如果不同意，描述一下你自己。

词语解释：

1. 一清早 yì qīng zǎo early in the morning
2. 活力 huó lì vigour; energy
3. 幽默 yōu mò humour
4. 乐观 lè guān optimistic
5. 可靠 kě kào reliable; trustworthy
6. 热心 rè xīn enthusiastic; warm-hearted
7. 健谈 jiàn tán be a good talker
8. 相处 xiāng chǔ get along
9. 精力 jīng lì energy; vigour
10. 友情 yǒu qíng friendship
11. 完美主义 wán měi zhǔ yì perfectionist
12. 知识 zhī shi knowledge; intellect
13. 特定 tè dìng specially designated

16 翻译（注意带点的补语）

1. 今天学的生字我全记住了。
2. 他说的话我一句也没有听懂。
3. 这个花瓶很贵，小心拿着，别摔坏了。
4. 饭菜准备好了，可以开饭了。
5. 这把刀磨好了，拿走吧。
6. 这些衣服洗干净了，放进柜子里去吧。
7. 一个月没下雨，这些小树苗全干死了。
8. 这道数学题你算错了。
9. 行李收拾好了，我们出发吧。
10. 鱼蒸好了，帮我把它放到饭桌上。

17 写作

作文：《我最好的朋友》，内容包括：
— 你的好朋友是谁
— 他/她长得什么样
— 他/她性格怎么样
— 你们是怎么认识的
— 你们在一起时经常做什么
— 你觉得有朋友重要吗，为什么

18 组词

1. 宠物 → 物理
2. 不准 → _____
3. _____ → 亲戚
4. _____ → 活泼
5. 出世 → _____
6. _____ → 体会
7. 定时 → _____
8. 起名 → _____
9. _____ → 事情
10. 一手 → _____
11. _____ → 性格
12. 诚实 → _____

19 阅读理解

京剧中的脸谱艺术

京剧集歌唱、舞蹈、音乐、美术、文学等于一体，是一种特殊的戏剧形式。

京剧中主要有四种角色：生、旦、净、丑。"生"是男性正面角色，"旦"是女性正面角色，"净"是性格鲜明的男性角色，"丑"是幽默滑稽或反面角色。

生、旦角色不用画脸谱，但净、丑则要画脸谱。脸谱的颜色变化代表这个人物的性格。简单地说，红脸代表忠诚、勇敢；黑脸代表勇猛、智慧；蓝色和绿色代表勇猛、粗犷；黄脸和白脸代表凶狠。

丑角的脸谱化妆是在鼻梁之上、两眼之间抹一小块水白粉，看上去很丑，所以叫"丑"角。"白鼻子"的大、小、方、圆、长、扁、歪决定不同人物的性格。

根据上文回答下列问题：

1. 为什么说京剧这门艺术很特别？
2. 京剧中主要有几种角色？
3. 哪种角色需要画脸谱？
4. 净角中红色代表什么性格？
5. 丑角的脸谱是怎样表现性格的？
6. 为什么用"丑"这个字来命名"丑角"？

词语解释：

1. 脸谱 liǎn pǔ types of facial make up in operas
2. 舞蹈 wǔ dǎo dance
3. 特殊 tè shū special; exceptional
4. 形式 xíng shì form; shape
5. 正面 zhèng miàn front
6. 鲜明 xiān míng (of colour) bright
7. 滑稽 huá jī funny; amusing
8. 反面 fǎn miàn reverse side; back
9. 代表 dài biǎo representative; represent
10. 忠诚 zhōng chéng loyal; faithful
11. 勇敢 yǒng gǎn brave; courageous
12. 勇猛 yǒng měng bold and powerful
13. 智慧 zhì huì wisdom; intelligence
14. 粗犷 cū guǎng rough; bold and unconstrained
15. 凶狠 xiōng hěn fierce and malicious
16. 鼻梁 bí liáng bridge of the nose
17. 扁 biǎn flat
18. 歪 wāi crooked; slanting

阅读(九) 狐假虎威

1 根据课文判断正误

☐ 1) 老虎在山里捉到了一只狐狸。

☐ 2) 老虎把狐狸吃了。

☐ 3) 狐狸很傻。

☐ 4) 野兽们见到了老虎和狐狸都吓跑了。

☐ 5) 森林里的野兽最怕狐狸。

2 词汇扩展

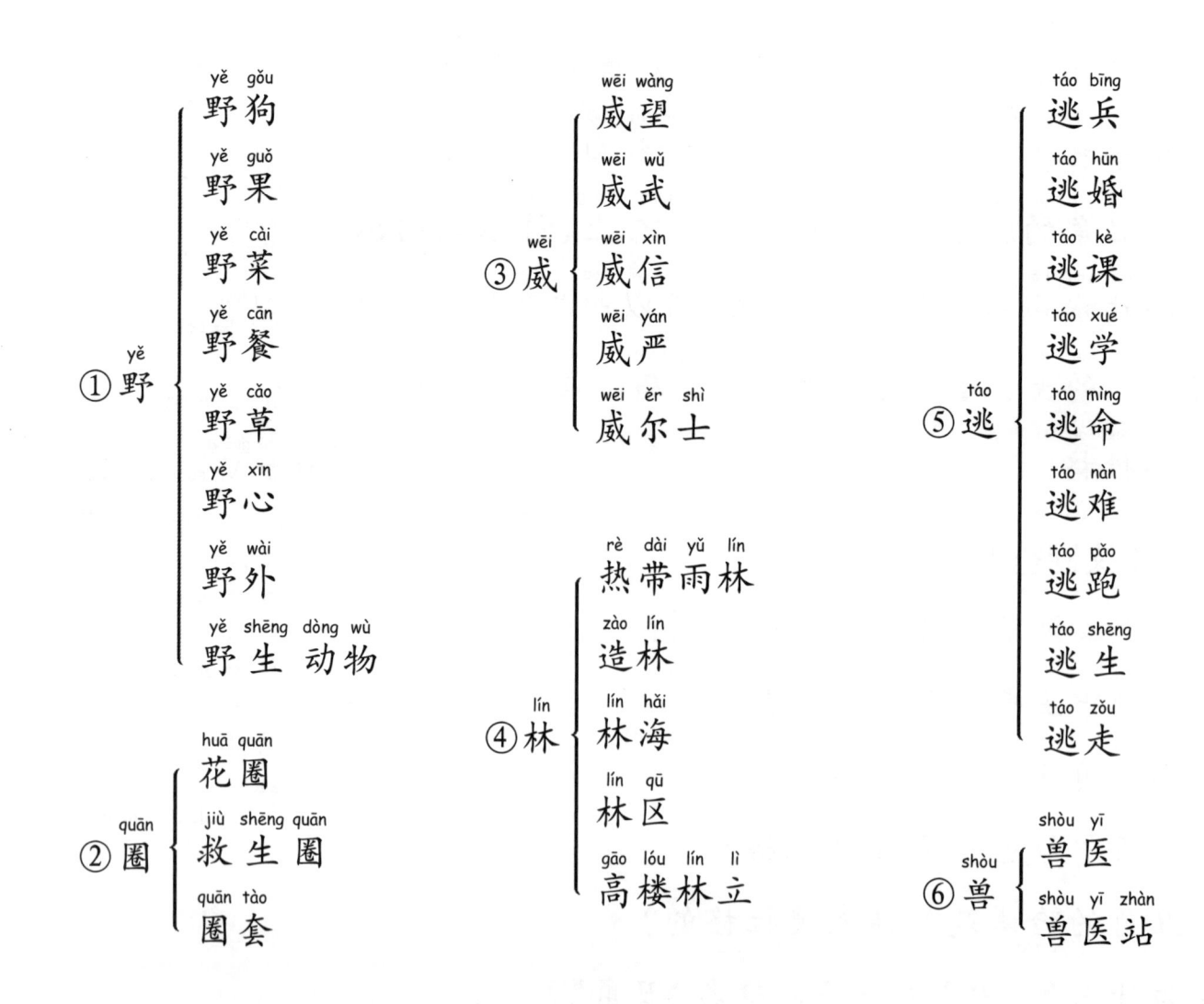

① yě 野
- yě gǒu 野狗
- yě guǒ 野果
- yě cài 野菜
- yě cān 野餐
- yě cǎo 野草
- yě xīn 野心
- yě wài 野外
- yě shēng dòng wù 野生动物

② quān 圈
- huā quān 花圈
- jiù shēng quān 救生圈
- quān tào 圈套

③ wēi 威
- wēi wàng 威望
- wēi wǔ 威武
- wēi xìn 威信
- wēi yán 威严
- wēi ěr shì 威尔士

④ lín 林
- rè dài yǔ lín 热带雨林
- zào lín 造林
- lín hǎi 林海
- lín qū 林区
- gāo lóu lín lì 高楼林立

⑤ táo 逃
- táo bīng 逃兵
- táo hūn 逃婚
- táo kè 逃课
- táo xué 逃学
- táo mìng 逃命
- táo nàn 逃难
- táo pǎo 逃跑
- táo shēng 逃生
- táo zǒu 逃走

⑥ shòu 兽
- shòu yī 兽医
- shòu yī zhàn 兽医站

3 配对

1. 完美无缺 (wán měi wú quē)
2. 风流人物 (fēng liú rén wù)
3. 心口如一 (xīn kǒu rú yī)
4. 形影不离 (xíng yǐng bù lí)
5. 独一无二 (dú yī wú èr)
6. 言行不一 (yán xíng bù yī)
7. 山明水秀 (shān míng shuǐ xiù)
8. 各有千秋 (gè yǒu qiān qiū)

a. 对一个时代有影响的人物
b. 说的和做的不一样
c. 十全十美
d. 只有一个，没有相同或可以相比的
e. 心里想的和嘴里说的完全一样
f. 形容风景优美
g. 各有所长，各有优点
h. 形容两个人的关系很好

4 解释下列词语（注意带点的字）

① 瓜子 (guā zǐ) / 狐狸 (hú li)
② 亲戚 (qīn qi) / 威风 (wēi fēng)
③ 足球 (zú qiú) / 捉拿 (zhuō ná)
④ 狐狸 (hú li) / 物理 (wù lǐ)
⑤ 野兽 (yě shòu) / 舒服 (shū fu)
⑥ 春卷 (chūn juǎn) / 圆圈 (yuán quān)
⑦ 跳高 (tiào gāo) / 逃跑 (táo pǎo)
⑧ 刚才 (gāng cái) / 身材 (shēn cái)

5 翻译

秋天到了，一串串熟透了的葡萄，挂在葡萄架上。一只饿了一天的狐狸来到葡萄架下，看到这些葡萄，口水都流了出来。它心里想："这葡萄又圆又大，我一定要美美地大吃一顿。"可是葡萄太高，狐狸够不着。它使劲跳了好几次，还是够不着。它太饿了，没有力气，实在跳不动了。只好站在那儿等葡萄被风吹下来。可是等了好久，也没等到葡萄掉下来。后来狐狸只好安慰自己说："这葡萄是生的，那么酸，有什么好吃的。这种葡萄送给我，我都不吃。"于是狐狸饿着肚子高兴地走开了。

第三单元 复习、测验

1 解释下列词语

1 名词

家谱	称呼	阿姨	姑姑	姑妈	姑夫	姥爷	姥姥	(外)祖父
伯父	伯母	妻子	舅舅	舅妈	叔叔	婶婶	外公	(外)祖母
姨妈	姨夫	孙子	孙女	外孙	外孙女	弯路	堂(表)兄/弟/姐/妹	
泥土	宠物	老鼠	兔子	生肖	猴子	麻烦	亲戚	好处	坏处
狼	口袋	猎人	农夫	木棒	身材	高龄	个性	优点	缺点
脾气	耐心	印象	狐狸	森林	野兽	圈	事情	性格	外婆

2 动词

结婚　移　堵　靠　属　起名　散步　照顾　必须　出世　体会
读书　喂　背　藏　逃　赚钱　识字　发火　成长　影响　开山
梦见　捉

3 形容词

复杂　不得了　精明　辛苦　傻　脏　活泼　忠实　善良　独立
诚实　马虎　清秀　可怜　闷

4 副词

定时　反而　差点儿

5 连词

连……也……　　既……又……

6 短语

一年到头　　百兽之王

2 查字典，解释下列词语

1. 水泥 _____
2. 树林 _____
3. 弯曲 _____
4. 背包 _____
5. 不幸 _____
6. 精彩 _____
7. 组合音响 _____
8. 反面 _____
9. 短缺 _____

3 写出你的优点和缺点（至少各写三个）

优点	缺点
1. _____	1. _____
2. _____	2. _____
3. _____	3. _____

4 读一读

第一个人：爱打扮，花钱大手大脚，但对朋友很小气，喜欢说大话。

第二个人：有爱心，也有耐心，很独立，乐于助人。

第三个人：通常不顾别人的面子，为了一点小事发脾气，很有个性。

第四个人：忠实、可靠，做事很小心，脾气也好，学习非常用功。

第五个人：聪明、活泼、可爱，但看不起别人。

第六个人：脾气很坏，动不动就拿别人出气，但人还诚实。

根据上文回答下列问题：

1. 你会跟以上哪些人交朋友？为什么？

2. 如果那些人都不是你心目中的朋友，描述一下你想交的朋友。

参考短句：
— 因为我们个性很像
— 因为我喜欢这种性格的人
— 因为我不喜欢小气的人
— 因为我不喜欢个性太强的人
— 因为我不喜欢脾气坏的人

5 列出以下内容(至少五个)

1. 宠物：

2. 动物：

3. 十二生肖：

4. 你妈妈家的亲戚：

5. 你爸爸家的亲戚：

6 翻译

1. 今天早上41号公路上出了交通事故，车堵了足足一个小时，所以我上班晚了。

2. 为了养活一家大小七口人，只要能赚钱，爸爸什么脏活、累活都肯干。

3. 要想把中文学好，就必须天天刻苦学习，多听、多说、多读、多写。

4. 我现在才体会到母亲把我们三姐妹养大成人是多么不容易。

7 阅读理解

英国前首相撒切尔夫人可以称得上是健美人生的榜样。她当英国首相时，每天早上大约六点半起床，洗漱后便一边看报一边吃早餐。她的早餐很简单：一杯咖啡、一杯桔子汁，另加一片抹上果酱的面包。午饭除了以面包为主食以外，还吃一些荤素搭配的菜。为了公事，她经常出席国宴，她总是在吃完一顿丰盛的宴席后，回家少吃一顿，这样她就可以严格地控制饮食和体重。

撒切尔夫人热爱生活，她非常注意服饰及美容。她的发型几十年不变，头发每天梳理得整整齐齐；她的衣服穿得合体、庄重；她保证每天有足够的睡眠时间，加上多吃水果、蔬菜，使皮肤有足够的水份。

撒切尔夫人年轻时喜欢参加球类活动，现在却喜欢散步。她会作画、作曲、弹钢琴，还喜欢收集古董、名画。她的生活可以说是丰富多彩。

根据上文回答下列问题：

1. 撒切尔夫人是谁？

2. 她是怎样控制饮食的？

3. 她是怎样保护皮肤的？

4. 她现在有什么爱好？

第四单元 社区

第十课 小镇上的邮局

1 填表

订机票

旅客姓名：_____	日期：_____
旅客人数：_____ 成人 _____ 小童（年龄十二岁以下）	
航空公司：_____	
舱位： 头等 ☐　　商务 ☐　　经济 ☐	
单程 ☐　　往返 ☐	
付款方式： 支票 ☐ _____ 支票号码	
信用卡 ☐ _____ 信用卡号码	
电话：_____	传真：_____
电子邮箱：_____	住址：_____
签名：_____	日期：_____

2 完成下列句子

例子：如果我明天退休，那么<u>我就可以在花园里种花、种蔬菜</u>。

1. 如果我从明天开始有六个月的假期，有一万美金，那么我_____。

2. 如果我自己经营一家服装店，那么我_____。

3. 如果把我放在一个无人的小岛上十天，那么我_____。

4. 如果我有机会周游世界，那么我_____。

5. 如果世界上所有的人说一种语言，那么_____。

3 阅读理解

买纪念品

我每年都出去旅游，但是每次去旅游，最头痛的一件事是给每一个家人和＿＿＿＿买纪念品，有时候真不知道买什么好。

去年＿＿＿＿我跟三个同学去英国旅游了。每到一个＿＿＿＿，我都会买几样东西。我给父亲买了一个＿＿＿＿钱包，里面口袋很多，还有一个放硬币的袋子；我给母亲买了一个＿＿＿＿，里边有口红、眼影，还有粉饼；我给舅舅买了一个打火机，给舅妈买了一个＿＿＿＿，上面印有伦敦塔桥的图案；我＿＿＿＿也给自己买了几样东西：一个银戒指、一对耳环、一根白金项链，还有几本英文书。＿＿＿＿我还买了书签、名信片、纪念邮票、钥匙链等，回来后分给我哥哥、姐姐、堂弟和表妹。大家收到我的＿＿＿＿都很开心，但他们不知道，为了＿＿＿＿这些礼物花了我多少心思。

查字典：

1. 纪念品 jì niàn pǐn
2. 硬币 yìng bì
3. 口红 kǒu hóng
4. 眼影 yǎn yǐng
5. 粉饼 fěn bǐng
6. 打火机 dǎ huǒ jī
7. 戒指 jiè zhi
8. 耳环 ěr huán
9. 项链 xiàng liàn
10. 书签 shū qiān
11. 钥匙链 yào shi liàn
12. 心思 xīn si

根据上文判断正误：

☐ 1) 本文作者很可能是个女的。

☐ 2) 她每年外出度假都会发烧、头痛。

☐ 3) 她头痛的原因是不知道买什么纪念品给她的同事。

☐ 4) 她去年在伦敦为她父亲买了一些纪念币。

☐ 5) 她为妈妈买了化妆品。

☐ 6) 她给自己买了钥匙链和项链。

用所给的词语填空：

真皮	亲戚
杯子	礼物
化妆盒	景点
风景	暑假
当然	另外
购买	以外

4 配对

1. 导游
2. 饭店服务员
3. 时装店营业员
4. 旅馆服务员
5. 医生
6. 教师
7. 警察
8. 司机
9. 邮递员
10. 消防员
11. 理发师
12. 救生员

a. 见识来自世界各地不同的人
b. 由于工作需要，见的世面广，到过的国家多
c. 救死扶伤，为人们解除痛苦
d. 能见识流行时装
e. 教育青少年
f. 把信件、包裹送到每家每户
g. 为人们剪短并修整头发
h. 捉小偷，以确保治安
i. 灭火，保住人民的生命和财产
j. 保住游泳人士的性命
k. 走路比别人少，以车代步
l. 能吃到各种饭菜，有口福

5 解释下列词语（注意带点的字）

① 真话 / 镇长
② 弟弟 / 快递
③ 同学 / 邮筒
④ 占地 / 贴纸
⑤ 反面 / 仅仅
⑥ 衣服 / 包裹
⑦ 皮鞋 / 信封
⑧ 今天 / 念书
⑨ 一些 / 此时
⑩ 在乎 / 存钱
⑪ 一次 / 工资
⑫ 由于 / 邮票

6 阅读理解

各种中文报纸国外售价（美元，不含邮资）			
类别	定价	订购数量	订一年价格优惠
《人民日报》（海外版）2003年1-6月	$80.00	份	10%
《南华早报》每个月	$20.00	份	10%
《中国青年报》半年	$40.00	份	5%
《中国儿童报》全年	$80.00	份	15%

根据上文回答下列问题：

1. 《人民日报》（海外版）订一年多少钱？

2. 《南华早报》订半年多少钱？

3. 你想同时订半年的《中国青年报》和一年《中国儿童报》各一份，你应该付多少钱？

词语解释：

1. 售价 shòu jià selling price
2. 邮资 yóu zī postage
3. 优惠 yōu huì preferential; favourable
4. 类别 lèi bié category
5. 定价 dìng jià fixed price
6. 订购 dìng gòu place an order for sth.
7. 数量 shù liàng quantity; amount; volume
8. 版 bǎn edition

7 完成下列句子

例子：一个旅游城市一定要有很好的交通设施，除此以外<u>还要有饭店、旅馆、购物中心、娱乐场所等等</u>。

1. 在邮局，你当然可以寄信，除此以外_____。

2. 养狗，你得每天给它吃饭、喝水，除此以外_____。

3. 文具店里有笔、纸、墨卖，除此以外_____。

8 阅读理解

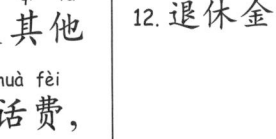

邮局的变迁

邮局在人们的生活中是不可缺少的,人们可以在邮局里寄信、寄卡片、寄明信片、寄钱和寄包裹。但近几年,邮局的作用发生了变化,因为现在人们可以通过互联网做很多事情。

由于互联网的普及,越来越多的人不写信了,他们发电子邮件,这比寄信快多了。现在寄生日卡和圣诞卡的人也比以前少多了。以前人们寄包裹,但如今你如果要寄东西给亲人或朋友,你可以通过互联网提供的目录,选好要买的东西,然后在互联网上订购,还可以要求把东西送到你要寄的人手里,这样既快又方便,价钱也不会比从邮局寄贵。

由于邮递业务的减少,邮局也在想办法开发其他业务,比如人们可以通过邮局交水费、电费、电话费,领退休金等。

查字典:
1. 变迁
2. 作用
3. 通过
4. 互联网
5. 电(子)邮(件)
6. 圣诞卡
7. 目录
8. 选
9. 要求
10. 业务
11. 减少
12. 退休金

根据上文判断正误:

☐ 1) 现在电邮很普及,已经没有人通过邮局寄信了。

☐ 2) 发电子邮件比寄信快多了。

☐ 3) 从互联网上订购东西方便但贵很多。

☐ 4) 现在可以通过互联网"寄"卡片。

☐ 5) 因为可以在互联网上订购东西,所以现在寄包裹的人比以前少了。

☐ 6) 以前在邮局里不能交水、电费,现在可以了。

☐ 7) 为了生存,邮局在想办法做其他的业务。

9 分类

住在城市 A C	D	住在乡村 A V	D
好处	坏处	好处	坏处

CA —娱乐活动多
CD—不知道邻居是谁
CD—生活节奏太快
CA—交通方便
CD—空间太小
CD—人太多，很吵
VD—没有娱乐活动，没有意思
VD—日子过得太慢
VA—空气好，有利健康

VA—活动空间大
VA—住大房子，有大花园
VA—由于地方大，可以养狗、养猫
VA—吃到新鲜蔬菜、水果
VA—自己可以在花园里种蔬菜、水果
CA—生活方便，例如买东西等
CA—能很快知道周围发生的事情
CD—空气不清新
CD—车太多，经常堵车
VA—很安静，使人心情好
……

10 填充

| 不但／仅……而且……　　虽然……但是……　　因为……所以…… |

1. 她 **不但** 脾气好，**而且** 乐于助人。
2. 这本书我 **虽然** 看了两遍，**但是** 还没看懂。
3. 他 **不仅** 会打乒乓球，**而且** 每次比赛都得第一。
4. **因为** 森林里的动物都怕老虎，**所以** 一见到它就逃走了。
5. 他 **虽然** 有很多缺点，**但是** 他心地好，很诚实。
6. 中国菜 **不但** 花样繁多，**而且** 味道鲜美。
7. **因为** 他很马虎，**所以** 每次数学考试都拿不到满分。

11 填充

OK 的由来

欧贝德·克利是一个美 _____ 人，他是一个邮政局的职员。他英文姓名的开头字母分 _____ 是"O"和"K"。他每天要处理许 _____ 邮件，而且还要签上自己的名 _____ 。因为他每天工作 _____ 繁忙，签全名又很花时间，于是他就开 _____ 在邮件上用"O.K."来表示他的名字，他的同事们也都觉得这种做法挺好，可以省去不少时间。从1844年 _____ ，美国电报局也开始用"O.K."这种签名法，也就是 _____ 无论谁收到电报，也不管他的名字是以什么字母开头的，都以"O.K."签收。后 _____ ，在人们的日常 _____ 活中，"O.K."也就成了一句用语。

12 填充

> 着　　了　　过

1. 她戴 _____ 一副眼镜，看上去文文静静的。
2. 他踢 _____ 半天的球，衣服全湿透 _____ 。
3. 去美国的签证已经办好 _____ 。
4. 浴室刚装修 _____ ，看上去亮堂多 _____ 。
5. 我把这个月的工资全存进银行 _____ 。
6. 我查 _____ 资料，这是一种专治皮肤病的药。
7. 这教室空调开 _____ ，电灯也开 _____ ，可是没人。
8. 他已经在校务处注册 _____ ，所以他可以办图书证。
9. 我从来都没有在网上订 _____ 杂志，想不到比在书店里买还便宜。
10. 每天清晨，天还没亮，他就骑 _____ 自行车去上班 _____ 。

13 写作

中学生普通话夏令营

由上海海运大学附中主办

日期：7月20日—8月5日

地点：上海海运大学附中

外国学生人数：20名

* 请有意参加的同学报名。

* 写信请寄到上海海运大学附属中学，王校长收。

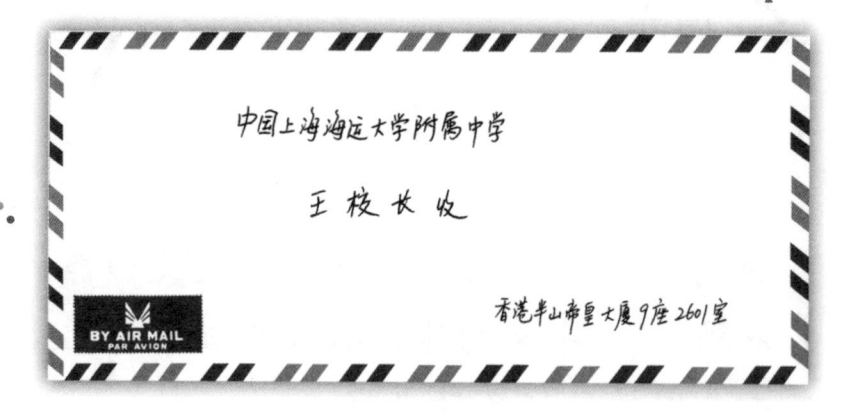

中国上海海运大学附属中学

王校长收

香港半山帝皇大厦9座2601室

作文：要求学生正式写完信后签名，然后写好信封后"寄"出。要按照写信格式写，信的内容包括：

— 介绍你自己，有什么特长、什么爱好

— 汉语学了几年了，达到什么水平

— 你为什么要参加这次活动

14 词汇扩展

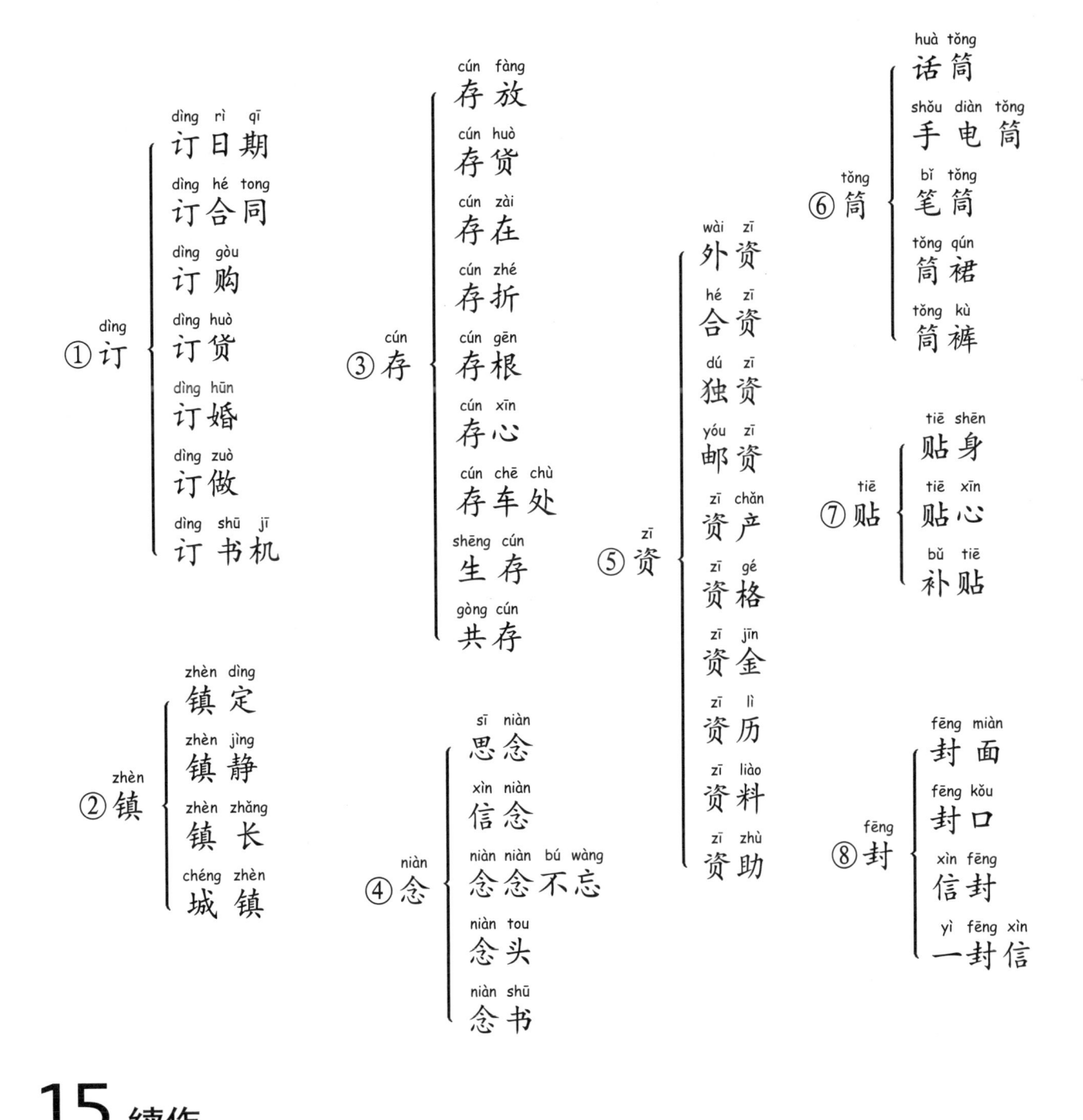

① 订 dìng
- 订日期 dìng rì qī
- 订合同 dìng hé tong
- 订购 dìng gòu
- 订货 dìng huò
- 订婚 dìng hūn
- 订做 dìng zuò
- 订书机 dìng shū jī

② 镇 zhèn
- 镇定 zhèn dìng
- 镇静 zhèn jìng
- 镇长 zhèn zhǎng
- 城镇 chéng zhèn

③ 存 cún
- 存放 cún fàng
- 存货 cún huò
- 存在 cún zài
- 存折 cún zhé
- 存根 cún gēn
- 存心 cún xīn
- 存车处 cún chē chù
- 生存 shēng cún
- 共存 gòng cún

④ 念 niàn
- 思念 sī niàn
- 信念 xìn niàn
- 念念不忘 niàn niàn bú wàng
- 念头 niàn tou
- 念书 niàn shū

⑤ 资 zī
- 外资 wài zī
- 合资 hé zī
- 独资 dú zī
- 邮资 yóu zī
- 资产 zī chǎn
- 资格 zī gé
- 资金 zī jīn
- 资历 zī lì
- 资料 zī liào
- 资助 zī zhù

⑥ 筒 tǒng
- 话筒 huà tǒng
- 手电筒 shǒu diàn tǒng
- 笔筒 bǐ tǒng
- 筒裙 tǒng qún
- 筒裤 tǒng kù

⑦ 贴 tiē
- 贴身 tiē shēn
- 贴心 tiē xīn
- 补贴 bǔ tiē

⑧ 封 fēng
- 封面 fēng miàn
- 封口 fēng kǒu
- 信封 xìn fēng
- 一封信 yì fēng xìn

15 续作

我今天收到一个包裹。我不知道是谁寄给我的。我打开包裹……

16 阅读理解

亚马逊书店

亚马逊书店是通过互联网来销售图书的。这个书店不仅"藏书"丰富,价格低,而且服务周到。如果你曾经在亚马逊书店买过书,那么你再到它那里买时,它不但会根据你过去买过的书以及你的爱好,马上为你准备一份书单,而且还会通知你有哪些你可能感兴趣的新书上市。

亚马逊书店的创始人叫Jeffrey P. Bezos。据说,Jeffrey从小就喜欢看漫画书,家里堆书成山,他家的仆人便让他在家门口卖掉一些旧书。有一回,他卖书时,其他的书都卖掉了,但有一本叫《蜘蛛人》的书没卖出去,原来那本书没有封面。他心想,要想把这种书卖掉,通过互联网卖是最好的,因为买书人看不到他要买的书。就这样,他开始了网上卖书的业务。如今,亚马逊书店已成为世界上最成功的网上书店。

词语解释:

1. 销售 xiāo shòu sell
2. 藏书 cáng shū collect books
3. 丰富 fēng fù rich; plentiful
4. 低 dī low
5. 周到 zhōu dao thoughtful; considerate
6. 根据 gēn jù according to
7. 以及 yǐ jí as well as; and
8. 通知 tōng zhī notify
9. 上市 shàng shì go on the market
10. 创始人 chuàng shǐ rén founder
11. 漫画 màn huà cartoon
12. 蜘蛛 zhī zhū spider
13. 封面 fēng miàn front cover

根据上文回答下列问题:

1. 亚马逊书店是通过什么方式销售图书的?
2. 书店对老顾客有哪两种服务?
3. 谁是亚马逊书店的创始人?
4. 他小时候是个什么样的孩子?
5. 有一次他卖书的时候为什么有一本书卖不掉?
6. 亚马逊书店现在的生意怎么样?

阅读(十) 伯乐与千里马

1 根据课文回答下列问题

1. "伯乐"叫什么名字?
2. "伯乐"是在哪儿遇见这匹马的?
3. 马为什么倒在了地上?
4. "伯乐"是怎样关心和爱护这匹马的?
5.这匹马后来怎样了?

2 词汇扩展

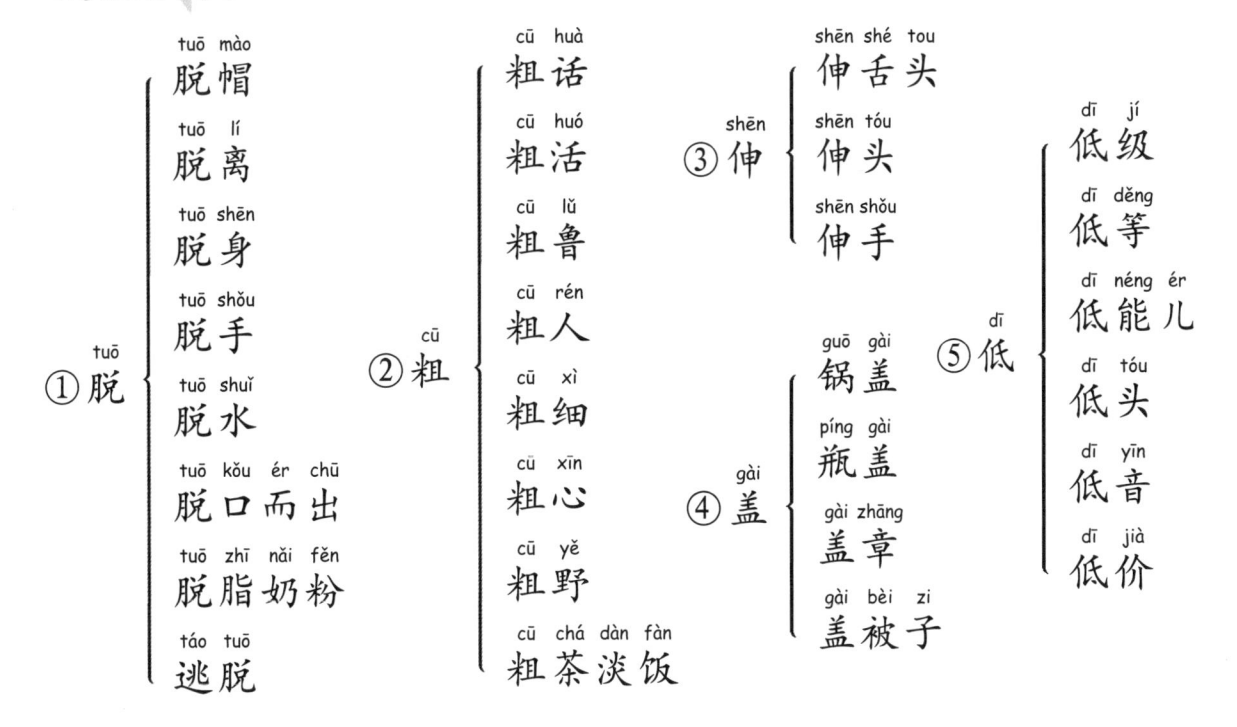

① 脱 tuō
- 脱帽 tuō mào
- 脱离 tuō lí
- 脱身 tuō shēn
- 脱手 tuō shǒu
- 脱水 tuō shuǐ
- 脱口而出 tuō kǒu ér chū
- 脱脂奶粉 tuō zhī nǎi fěn
- 逃脱 táo tuō

② 粗 cū
- 粗话 cū huà
- 粗活 cū huó
- 粗鲁 cū lǔ
- 粗人 cū rén
- 粗细 cū xì
- 粗心 cū xīn
- 粗野 cū yě
- 粗茶淡饭 cū chá dàn fàn

③ 伸 shēn
- 伸舌头 shēn shé tou
- 伸头 shēn tóu
- 伸手 shēn shǒu

④ 盖 gài
- 锅盖 guō gài
- 瓶盖 píng gài
- 盖章 gài zhāng
- 盖被子 gài bèi zi

⑤ 低 dī
- 低级 dī jí
- 低等 dī děng
- 低能儿 dī néng ér
- 低头 dī tóu
- 低音 dī yīn
- 低价 dī jià

3 造句(至少用上其中的两个词)

1. 生活　不单　　缺少 → _____
2. 专门　服务　　热心 → _____
3. 经营　退休　　工资 → _____
4. 居民　清晨　　散步 → _____
5. 邮票　航空信　报刊 → _____
6. 存　　取　　　银行 → _____

4 配对

1. 得过且过 (dé guò qiě guò)
2. 度日如年 (dù rì rú nián)
3. 精明强干 (jīng míng qiáng gàn)
4. 举国上下 (jǔ guó shàng xià)
5. 举目无亲 (jǔ mù wú qīn)
6. 有气无力 (yǒu qì wú lì)
7. 进退两难 (jìn tuì liǎng nán)
8. 有声有色 (yǒu shēng yǒu sè)

a. 聪明，办事能力强 (cōng míng, bàn shì néng lì qiáng)
b. 全国所有的地方，所有的人 (quán guó suǒ yǒu de dì fang, suǒ yǒu de rén)
c. 过一天算一天，不作长远打算 (guò yì tiān suàn yì tiān, bú zuò cháng yuǎn dǎ suàn)
d. 一个亲人也没有 (yí ge qīn rén yě méi yǒu)
e. 形容日子极其难过 (xíng róng rì zi jí qí nán guò)
f. 生动 (shēng dòng)
g. 没有力气 (méi yǒu lì qi)
h. 形容处境很难 (xíng róng chǔ jìng hěn nán)

5 解释下列词语（注意带点的字）

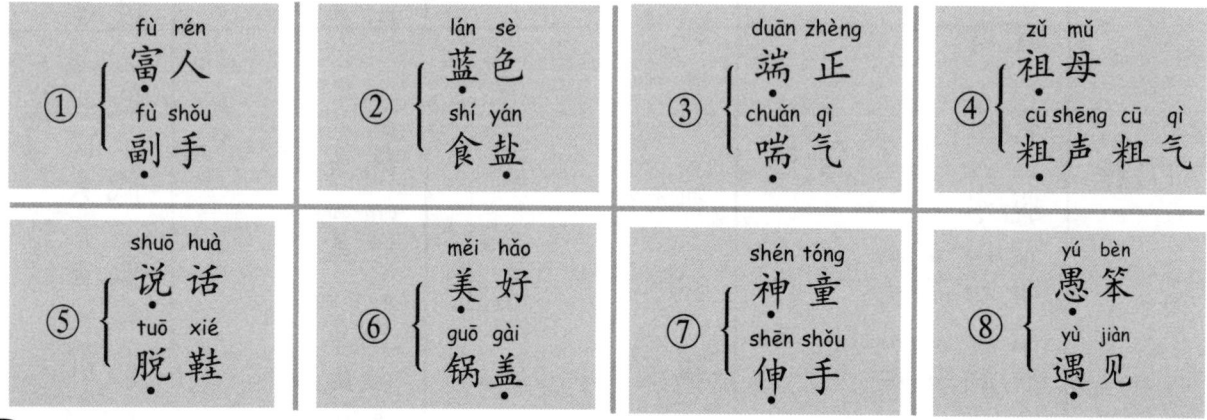

① 富人 (fù rén) / 副手 (fù shǒu)
② 蓝色 (lán sè) / 食盐 (shí yán)
③ 端正 (duān zhèng) / 喘气 (chuǎn qì)
④ 祖母 (zǔ mǔ) / 粗声粗气 (cū shēng cū qì)
⑤ 说话 (shuō huà) / 脱鞋 (tuō xié)
⑥ 美好 (měi hǎo) / 锅盖 (guō gài)
⑦ 神童 (shén tóng) / 伸手 (shēn shǒu)
⑧ 愚笨 (yú bèn) / 遇见 (yù jiàn)

6 翻译

1. 老孙夫妇经营饭店有方，生意红火得很。
2. 寄挂号信会比寄平信贵一些，但是更安全。
3. 这家体育用品专卖店里的商品不单质量好，价钱也不算贵。
4. 他只记得买锅，却忘了买锅盖。
5. 他知道自己说错了话，伸了伸舌头，低下了头，不再出声了。
6. 爷爷自从退休后，心情一直不太好。

第十一课　华人社区中心

1 填表

（一）

出境登记卡　　　　　　　请用中文填写，□内请打✓

姓 _____ 名 _____　　　　　　　　男□ 女□

证件号码 _____　出生日期 ____年__月__日

国籍 _____　出境事由（只能填写一项）

航班号／车次／船名 _____
　　　　　　　　　　　　　会议／商务 □　访问 □　观光／休闲 □
　　　　　　　　　　　　　探亲访友 □　就业 □　学习 □
前往何地 _____　返回常住地 □　定居 □　其他 □

国内住址 _____

签名 _____　出境日期 ____年__月__日

（二）

入境登记卡　　　　　　　请用中文填写，□内请打✓

姓 _____　　　　　出生日期　年　月　日
名 _____　　　　　男□　女□

国籍 _____
证件号码 _____　　入境事由（只能填写一项）
签证号码 _____
签证签发地 _____　　会议／商务 □　访问 □　观光／休闲 □
　　　　　　　　　　　　　探亲访友 □　就业 □　学习 □
来自何地 _____　　　返回常住地 □　定居 □　其他 □

在华地址 _____

签名 _____　入境日期 ____年__月__日

2 阅读理解

回收大行动

回收物品：
- 各种旧书、杂志、课本、录像带、影碟
- 旧衣服、鞋、手袋
- 玩具

日期：2002年8月15日（星期日）
时间：上午十点至下午四点半
地点：华人社区中心，305室

杨博文
2002年8月3日

高健新律师行

专门办理有关移民手续，给新移民提供中、英文翻译，解答法律问题。有需要者请跟王小姐联系。

电话号码：8324 7621　传真号码：8324 7622
办公时间：星期一～五　上午 9:00 – 下午 5:30
　　　　　星期六　上午 9:30 – 12:30

家教

我在伦敦大学学经济。我周末有时间可以为中、小学生补习英语和数学。收费及补习时间面谈。有需要者请打电话给徐小姐。电话号码是 8337 9622。

诚聘中文教师

申请人须有中文本科文凭，能书写及讲流利英文，并有丰富的中、小学教学经验。有意者请把简历寄给香港英皇中学田校长。

词语解释：

1. 回收 huí shōu recycle
2. 行动 xíng dòng act; take action
3. 物品 wù pǐn article; goods
4. 手袋 shǒu dài handbag
5. 办理 bàn lǐ handle; conduct
6. 手续 shǒu xù procedure
7. 翻译 fān yì translate
8. 解答 jiě dá answer
9. 家教 jiā jiào private tutor
10. 面谈 miàn tán speak to sb. face to face
11. 聘请 pìn qǐng employ; hire
12. 文凭 wén píng diploma
13. 经验 jīng yàn experience
14. 有意 yǒu yì have a mind to
15. 简历 jiǎn lì resume

根据广告回答下列问题：

1. 回收的物品中包括家用电器吗？
2. 高健新律师行为新移民提供哪些服务？
3. 徐小姐能教什么？
4. 有数学本科文凭的人可以申请中文老师这份工作吗？

3 阅读理解

李安

李安是《卧虎藏龙》的导演,该电影获得了奥斯卡最佳外语片和最佳导演奖。仅北美洲的票房收入就超过了一亿美元,当地一些学校甚至把这部电影作为学习东方文化的教材。

李安是在台湾出生、长大的。他1978年移居到美国,学习电影长达十年。结婚生子后,他在家当"家庭妇男",做饭、看孩子,靠从事科学研究的妻子赚钱养家。1988年回到台湾不久后,他获中影公司资助开始拍第一部电影《推手》。他拍得较成功的电影还有《喜宴》、《饮食男女》等。

李安虽然成了世界级的大导演,但他还是像以前一样。李安很聪明,心地善良,总是先为别人着想。他看人总是看优点,不看缺点,所以他能跟不同性格的人在一起工作。这也许就是他成功的一个秘诀吧!

词语解释:

1. 卧虎藏龙 crouching tigers and hidden dragons
2. 导演 direct (a movie, play, etc.); director
3. 获得 gain; achieve
4. 最佳 the best
5. 票房 box office
6. 教材 teaching material
7. 移居 migrate
8. 从事 be engaged in
9. 研究 study; research
10. 资助 aid financially; subsidize
11. 着想 consider
12. 秘诀 secret (of success)

根据上文回答下列问题:

1. 《卧虎藏龙》这部电影获得了奥斯卡什么奖?
2. 北美的一些学校为什么也带学生去看这部电影?
3. 李安是在哪儿学习电影的?
4. 他是从哪年开始拍电影的?
5. 拍电影前,李安一家靠谁赚钱养家?
6. 李安在台湾拍的第一部电影《推手》是由谁出钱拍的?
7. 李安是个什么样的人?

4 完成下列句子

例子: 在图书馆的阅览室里你可以 <u>看到当天的报纸和最新的杂志</u>。

1. 在邮局，你可以 _____。
2. 在宠物店，你可以 _____。
3. 冬天去北京旅游一星期，你一般要带 _____。
4. 一个大城市的公共交通有以下几种： _____。
5. 你知道的中餐菜名有 _____。
6. 你知道的西餐菜名有 _____。
7. 你知道的说英语的国家有 _____。
8. 在动物园里你可以看到 _____。
9. 你知道的娱乐活动有 _____。
10. 你家的亲戚有 _____。
11. 你今后想去的国家有 _____。

5 写作

多伦多华人社区庆祝中秋晚会

日期：九月二十一日（星期六）
时间：7:30 PM - 9:30 PM
地点：市政府礼堂
节目内容：中国广州杂技团表演
入场费：$10.00（成人）
　　　　小孩半价

根据广告写一封电邮给你的朋友，约他/她一起去看多伦多华人社区组织的杂技表演。

6 阅读理解

暑期兴趣班

让您的孩子增进科技知识、提高动手能力!

电脑游戏班 7–12 岁
让孩子通过教育软件设计卡通人物。

2003 年 7 月 7 日 — 7 月 25 日
8 月 4 日 — 8 月 22 日
星期一 ~ 星期五
上午 10:30 — 11:30

美术班 6–10 岁
通过主题活动,设计汗衫图案、海报、书签、封面等。

2003 年 7 月 15 日 — 8 月 7 日
星期二、四
下午 2:00 — 4:00

机器人兴趣班 12–16 岁
通过学习编电脑程序,自己设计出一个机器人。

2003 年 8 月 11 日 — 8 月 29 日
星期一、三、五
上午 9:30 — 12:00

编网页兴趣班 12–16 岁
学习使用 macromedia 设计华人中心网页,并参加比赛。优胜者可获得奖金 £100。

2003 年 7 月 26 日 — 8 月 17 日
星期六、日
下午 3:00 — 4:30

查字典:

1. 增进 (zēng jìn)
2. 提高 (tí gāo)
3. 动手 (dòng shǒu)
4. 软件 (ruǎn jiàn)
5. 设计 (shè jì)
6. 卡通 (kǎ tōng)
7. 主题 (zhǔ tí)
8. 海报 (hǎi bào)
9. 编 (biān)
10. 程序 (chéng xù)
11. 网页 (wǎng yè)
12. 优胜者 (yōu shèng zhě)
13. 奖金 (jiǎng jīn)

根据上文回答下列问题:

1. 如果你今年八岁,喜欢玩电脑,你可以参加哪个兴趣班?
2. 如果你周末有时间,又喜欢电脑,你可以参加哪个班?
3. 美术班一星期上几次课?全期一共上几节课?
4. 机器人兴趣班几月份开?每节课上多少时间?
5. 你想为你爸爸的公司设计一个网页,你从哪个兴趣班可以学到相关的知识?
6. 参加哪个兴趣班可能有机会得到奖金?

7 读一读，写一写

世界大提琴家——马友友

马友友是一个乐观、幽默的人。他是二十世纪音乐舞台上的奇才，是一位深受老年人和年轻人、西方人和东方人喜爱的大提琴演奏家。

马友友生长在一个华人家庭。他1955年出生在法国巴黎，在美国长大。他爷爷很有钱，父亲是音乐教育学博士，母亲是声乐演员。马友友六岁时，父母就带着他去各种场合表演，还上了电视台。年仅六岁的马友友，在大指挥家伯恩斯坦的指挥下，与纽约爱乐乐团同台演出，使他一夜之间出了名。后来，马友友在著名的朱莉亚音乐学院进修了七年，在最后一年，也就是他十六岁时，他突然决定进哈佛大学主修人文学，因为他相信只有有丰富文化知识的人才能真正理解音乐和表现音乐。

查字典：
1. 舞台
2. 奇才
3. 演奏家
4. 博士
5. 声乐
6. 演员
7. 场合
8. 电视台
9. 指挥（家）
10. 进修
11. 主修
12. 理解
13. 表现

根据上文回答下列问题：

1. 马友友是个什么性格的人？
2. 马友友是在哪儿出生、长大的？
3. 他从几岁开始上台演出？
4. 他在哈佛大学主修什么专业？
5. 他在大学学的专业对他的演奏有什么影响？

作文： 介绍一个你喜欢的音乐家，内容包括：
— 姓名 — 国籍 — 性格 — 音乐才华 — 喜欢他/她的原因

8 词汇扩展

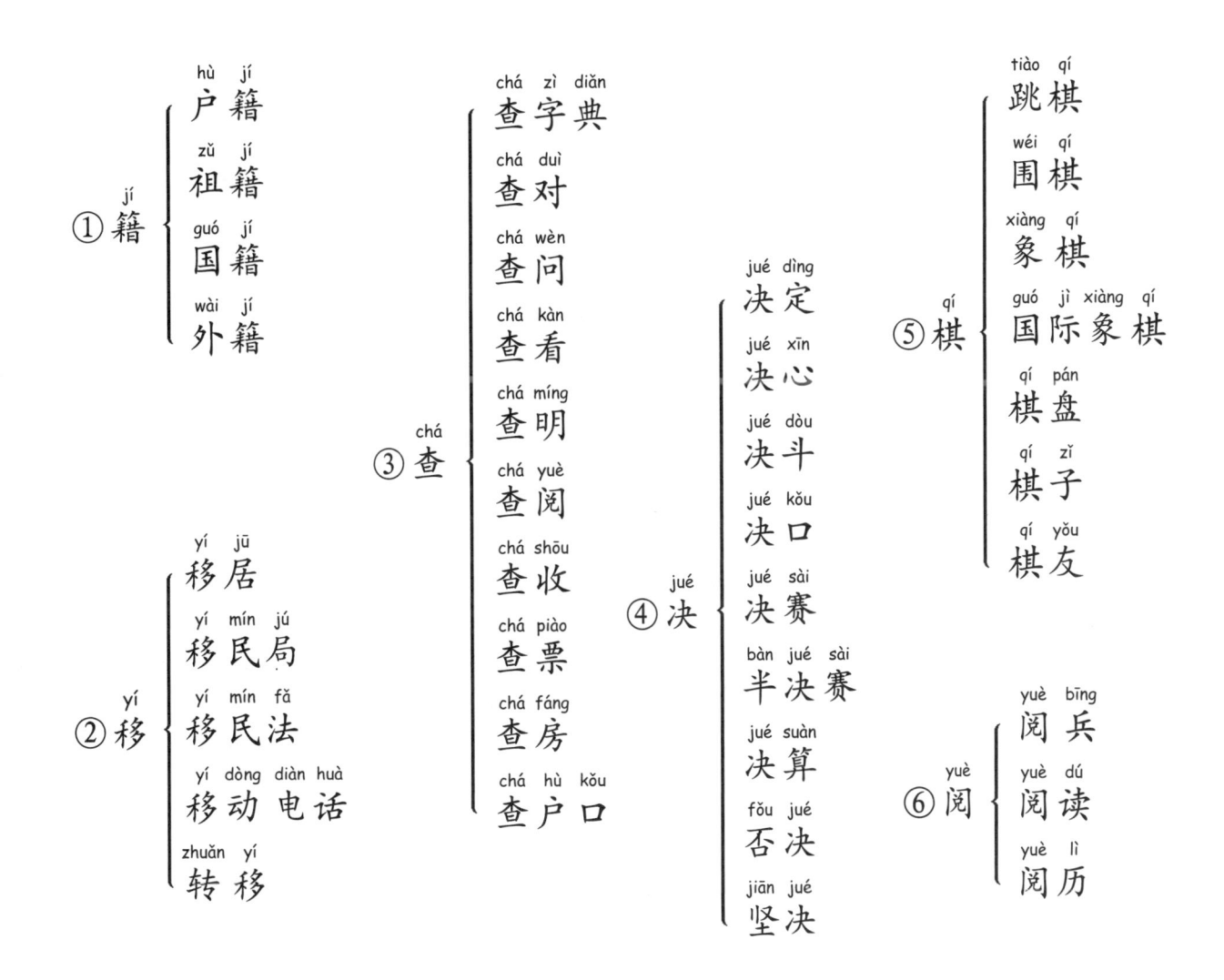

① jí 籍
- hù jí 户籍
- zǔ jí 祖籍
- guó jí 国籍
- wài jí 外籍

② yí 移
- yí jū 移居
- yí mín jú 移民局
- yí mín fǎ 移民法
- yí dòng diàn huà 移动电话
- zhuǎn yí 转移

③ chá 查
- chá zì diǎn 查字典
- chá duì 查对
- chá wèn 查问
- chá kàn 查看
- chá míng 查明
- chá yuè 查阅
- chá shōu 查收
- chá piào 查票
- chá fáng 查房
- chá hù kǒu 查户口

④ jué 决
- jué dìng 决定
- jué xīn 决心
- jué dòu 决斗
- jué kǒu 决口
- jué sài 决赛
- bàn jué sài 半决赛
- jué suàn 决算
- fǒu jué 否决
- jiān jué 坚决

⑤ qí 棋
- tiào qí 跳棋
- wéi qí 围棋
- xiàng qí 象棋
- guó jì xiàng qí 国际象棋
- qí pán 棋盘
- qí zǐ 棋子
- qí yǒu 棋友

⑥ yuè 阅
- yuè bīng 阅兵
- yuè dú 阅读
- yuè lì 阅历

9 解释下列词语（注意带点的字）

① 说话 / 阅读
② 塔桥 / 华侨
③ 具体 / 直接
④ 公共 / 提供
⑤ 金矿 / 影碟
⑥ 星期 / 下棋
⑦ 足够 / 移民
⑧ 快乐 / 解决

10 阅读理解

乐富村俱乐部简章

1. 申请入会必须先交 $10,000 港币押金。
2. 会费每月 $350 港币。
3. 每个家庭除了主会员以外，可带一位成人及两名儿童。
4. 会所设有餐厅（可烧烤）、健身房、桌球室、壁球室、网球场、高尔夫球练习场、羽毛球／乒乓球室、多用途厅（可举办生日会、讲座、补习、兴趣班等），还有露天游泳池、儿童娱乐室、报刊阅览室，楼下设有停车场。
5. 除了游泳、桑拿浴免费以外，使用其他活动场地需另交费。
6. 预订场地时请携带会员证。

猜一猜：

1. 俱乐部 jù lè bù
2. 简章 jiǎn zhāng
3. 申请 shēn qǐng
4. 押金 yā jīn
5. 会所 huì suǒ
6. 烧烤 shāo kǎo
7. 健身房 jiàn shēn fáng
8. 桌球 zhuō qiú
9. 壁球 bì qiú
10. 用途 yòng tú
11. 露天 lù tiān
12. 桑拿浴 sāng ná yù
13. 免费 miǎn fèi
14. 场地 chǎng dì
15. 预订 yù dìng
16. 携带 xié dài

根据上文判断正误：

☐ 1) 参加俱乐部只需交押金。

☐ 2) 会所没有足球场。

☐ 3) 在会所可以停车。

☐ 4) 无论家庭成员多少，会费不变。

☐ 5) 去会所游泳不用交钱。

☐ 6) 想打羽毛球得先订场地。

11 造句(至少选四个词)

1. 提供：本社区中心提供图书租借服务。
2. 专门：这家干洗店专门洗结婚礼服。
3. 娱乐：旅行团在晚上会组织娱乐活动。
4. 查找：请同学们上网查找一下关于京剧脸谱的资料。
5. 定期：我们学校定期组织各种体育比赛。
6. 举办：他们学校从来没举办过围棋比赛。
7. 解决：这个问题要靠大家一起解决。
8. 困难：一个人去国外留学会遇到很多困难。
9. 讲座：我昨天去听了一个关于移民去加拿大的讲座。
10. 具体：你能否讲得再具体一些，我听不太懂。

12 找反义词

1. 忘记 wàng jì _____
2. 非凡 fēi fán _____
3. 进 jìn _____
4. 闷热 mēn rè _____
5. 傻 shǎ _____
6. 结婚 jié hūn _____
7. 存 cún _____
8. 高 gāo _____
9. 穿上 chuān shang _____
10. 直 zhí _____
11. 难受 nán shòu _____
12. 认真 rèn zhēn _____
13. 脏 zāng _____
14. 麻烦 má fan _____
15. 愚笨 yú bèn _____
16. 闻名 wén míng _____

tuì 退	tuō xia 脱下
mǎ hu 马虎	wān 弯
fāng biàn 方便	wú míng 无名
lí hūn 离婚	liáng kuai 凉快
shī 湿	jīng 精
jì de 记得	dī 低
gān jìng 干净	gāo xìng 高兴
cōng ming 聪明	rù 入
qǔ 取	pǔ tōng 普通

13 阅读理解

华人的移民历史

除了＿＿＿在中国大陆、台湾和港、澳地区的华人以外，在世界各地＿＿＿都有华人的身影。早在唐朝、明朝时已有＿＿＿华人移居海外，但大批华人移居海外是在十八世纪中叶以后。去的人最多的＿＿＿是东南亚、美洲、澳大利亚和欧洲国家。

一百多年前，很多年轻力壮的男子去外国做矿工、修铁路，最多是去美国。后来，＿＿＿是在英、美等国家的华人开始经营洗衣店、餐馆和杂货店。由于洗衣机的＿＿＿，很多人便＿＿＿饮食业。＿＿＿在世界各地的大城市还有很多中国餐馆和外卖店。

这些华人的第二、第三代在当地接受＿＿＿，有些人继续开餐馆，更有不少人做医生、做电脑工作，当律师、会计师等。总之，新一代的＿＿＿比他们的祖父辈生活好多了。

词语解释：

1. 身影 shēn yǐng a person's silhouette; figure
2. 大批 dà pī large quantities (or numbers, amounts) of
3. 中叶 zhōng yè middle period
4. 壮 zhuàng strong; robust
5. 矿工 kuàng gōng miner
6. 铁路 tiě lù railway
7. 杂货 zá huò groceries
8. 接受 jiē shòu accept
9. 继续 jì xù continue
10. 会计 kuài jì accountant
11. 总之 zǒng zhī in a word; in short

根据上文回答下列问题：

1. 住在世界上哪些地区的华人最多？
2. 华人从什么时候开始移居海外？
3. 最早移居海外的华人做什么工作？
4. 这些华人的后代现在从事什么工作？

用所给的词语填空：

几乎	华侨
居住	教育
当然	少数
从事	地方
不单	尤其
普及	如今

14 填充

中国留学生在国外

如今，特别是80年代初开____，中国大陆有很多年轻人去世界各地留____，其中去英语国家的最多。这些年____的一代在国外读书，毕业后有一些人就留在国外工____。他们中间有很多人做科学研究工作，还____一些人从事金融、电脑、律____、会计、银行、教育等职业。在美国的硅谷，就有很多中国留学生。还有一部____留学生毕业后带着全家又回____中国工作。目前，香港、上海、北京、深圳____中国大城市成了这些回国留学生的首选城____。

15 填充

| 呢 吗 吧 |

1. 你是独生子____?
2. 你把垃圾倒了____!
3. 我们明天下午去打保龄球。你们____?
4. 我们来下一盘棋____!
5. 你做过义工____?
6. 你收到妈妈寄给你的包裹了____?
7. 他父母快退休了____?
8. 你们足球队常常比赛____?
9. 我们在后院种一棵果树____!
10. 你会下围棋____?
11. 我们一起去阅览室看报____!

16 阅读理解

美籍华人科学家崔琦

1998年10月13日，三位在美国工作的科学家同时获得了当年的诺贝尔物理学奖，其中包括美籍华人科学家、美国普林斯顿大学教授——崔琦。

崔琦1939年生于中国河南省。1953年至1957年在香港读中学。当时崔琦家境困难，但他聪明、刻苦，每年都获得奖学金。1957年高中毕业后，崔琦去了美国留学。1967年他在美国芝加哥大学获得了物理学博士学位。因为他学习成绩出色而且科研能力强，所以他进了世界著名的美国贝尔实验室做研究工作。1982年他成了普林斯顿大学的教授。

崔琦有一个幸福的家庭，太太是美国人，有两个女儿。他教过的学生都说他工作非常勤奋，为人和气，对学生要求很严格。

词语解释：

1. 普林斯顿 Princeton
2. 教授 professor
3. 家境 family financial situation
4. 刻苦 hardworking
5. 奖学金 scholarship
6. 芝加哥 Chicago
7. 学位 degree
8. 成绩 result; achievement
9. 出色 outstanding
10. 贝尔实验室 (US) Bell Telephone Laboratory
11. 幸福 happiness; happy
12. 勤奋 diligent
13. 为人 behave; conduct
14. 和气 gentle; polite

根据上文回答下列问题：

1. 崔琦的祖籍在哪儿？
2. 崔琦在哪儿出生？他是在哪儿接受的高等教育？
3. 他在香港读了几年中学？中学时期崔琦家的经济条件怎么样？
4. 他拿到物理学博士后先去了哪儿工作？
5. 他从哪一年开始在大学里教书？
6. 崔琦是个什么样的人？

阅读(十一) 盲人摸象

1 根据课文回答下列问题

1. 第一个盲人摸到了什么？
2. 第二个盲人觉得大象像什么？
3. 为什么第三个盲人觉得大象像柱子？
4. 第四个盲人摸到了大象身体的哪个部位？他觉得大象像什么？
5. 第六个盲人是不是觉得其他盲人都说得不对？
6. 哪个盲人说对了？

2 词汇扩展

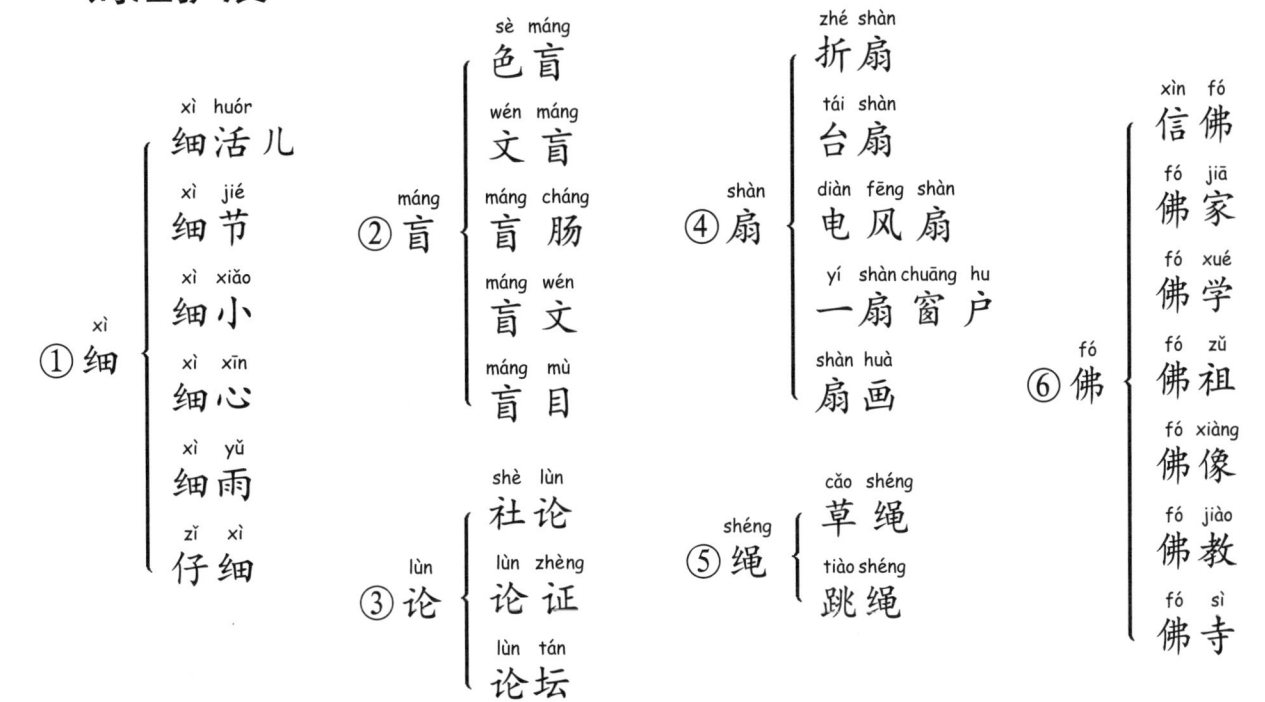

① 细 (xì)
- 细活儿 (xì huór)
- 细节 (xì jié)
- 细小 (xì xiǎo)
- 细心 (xì xīn)
- 细雨 (xì yǔ)
- 仔细 (zǐ xì)

② 盲 (máng)
- 色盲 (sè máng)
- 文盲 (wén máng)
- 盲肠 (máng cháng)
- 盲文 (máng wén)
- 盲目 (máng mù)

③ 论 (lùn)
- 社论 (shè lùn)
- 论证 (lùn zhèng)
- 论坛 (lùn tán)

④ 扇 (shàn)
- 折扇 (zhé shàn)
- 台扇 (tái shàn)
- 电风扇 (diàn fēng shàn)
- 一扇窗户 (yí shàn chuāng hu)
- 扇画 (shàn huà)

⑤ 绳 (shéng)
- 草绳 (cǎo shéng)
- 跳绳 (tiào shéng)

⑥ 佛 (fó)
- 信佛 (xìn fó)
- 佛家 (fó jiā)
- 佛学 (fó xué)
- 佛祖 (fó zǔ)
- 佛像 (fó xiàng)
- 佛教 (fó jiào)
- 佛寺 (fó sì)

3 把"盲人摸象"的故事改编成剧本并表演出来

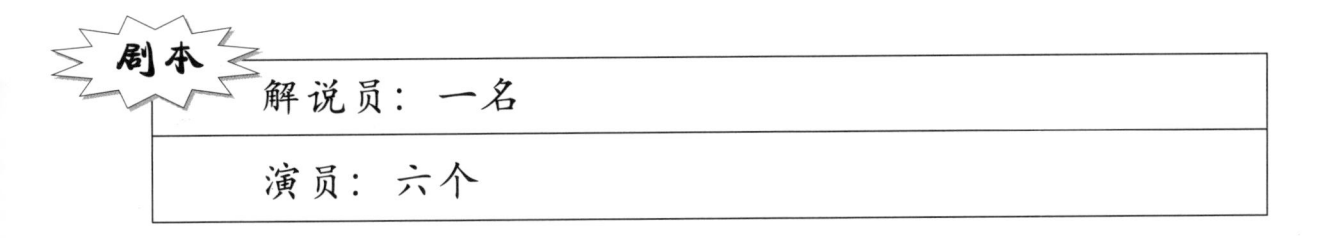

剧本

解说员：一名

演员：六个

4 配对

1. 自知之明 (zì zhī zhī míng)
2. 左右为难 (zuǒ yòu wéi nán)
3. 通情达理 (tōng qíng dá lǐ)
4. 本来面目 (běn lái miàn mù)
5. 必由之路 (bì yóu zhī lù)
6. 变化多端 (biàn huà duō duān)
7. 别有风味 (bié yǒu fēng wèi)
8. 别有用心 (bié yǒu yòng xīn)

a. 懂得道理，说话做事合乎情理
b. 必定要经过的道路，必须经历的过程
c. 变化很多
d. 正确认识自己的能力
e. 另外有一种特色和味道
f. 不管怎么做都有难处
g. 原来是佛家语，指人的本性
h. 心中另有打算

5 解释下列词语（注意带点的字）

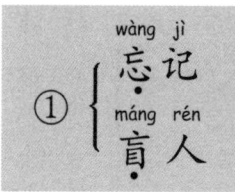

① 忘记 (wàng jì) / 盲人 (máng rén)

② 住址 (zhù zhǐ) / 柱子 (zhù zi)

③ 费用 (fèi yòng) / 佛经 (fó jīng)

④ 伦敦 (lún dūn) / 争论 (zhēng lùn)

6 用"子"、"头"或"儿"填空并写出意思

注释：名词词缀"子"、"头"或"儿"可以放在名词、动词、形容词和方位词后面，组成新的名词。

例子：
桌子；前头；尖儿

1. 窗 子 window
2. 骨 ___
3. 碟 ___
4. 绳 ___
5. 柱 ___
6. 石 ___
7. 里 ___
8. 画 ___
9. 椅 ___
10. 傻 ___
11. 胖 ___
12. 扇 ___
13. 罐 ___
14. 活 ___
15. 后 ___
16. 盖 ___
17. 袋 ___
18. 矮 ___
19. 舌 ___
20. 外 ___

第十二课　做义工

1 填充

1. 把你们家的家务列出来：＿＿＿＿＿＿＿＿＿＿＿＿＿
2. 把你书包里的东西列出来：＿＿＿＿＿＿＿＿＿＿＿＿＿
3. 写出五种你喜欢吃的水果：＿＿＿＿＿＿＿＿＿＿＿＿＿
4. 写出五种你喜欢吃的蔬菜：＿＿＿＿＿＿＿＿＿＿＿＿＿
5. 写出三种肉：＿＿＿＿＿＿＿＿＿＿＿＿＿
6. 写出五个你去过的国家：＿＿＿＿＿＿＿＿＿＿＿＿＿
7. 写出你今年上的科目：＿＿＿＿＿＿＿＿＿＿＿＿＿
8. 写出五种宠物：＿＿＿＿＿＿＿＿＿＿＿＿＿
9. 写出你会说的语言：＿＿＿＿＿＿＿＿＿＿＿＿＿
10. 写出你知道的中国城市：＿＿＿＿＿＿＿＿＿＿＿＿＿

2 配对

1. 任何 (rèn hé)
2. 打扫 (dǎ sǎo)
3. 信心 (xìn xīn)
4. 事情 (shì qing)
5. 照看 (zhào kàn)
6. 专心 (zhuān xīn)
7. 态度 (tài du)
8. 谈话 (tán huà)
9. 聊天 (liáo tiān)

a. 对于事情的看法 (duì yú shì qing de kàn fa)
b. 不论什么 (bú lùn shén me)
c. 人类生活中的所有活动 (rén lèi shēng huó zhong de suǒ yǒu huó dòng)
d. 照料人或东西 (zhào liào rén huò dōng xi)
e. 两个人或许多人在一起说话 (liǎng ge rén huò xǔ duō rén zài yì qǐ shuō huà)
f. 谈天 (tán tiān)
g. 扫除，清理 (sǎo chú, qīng lǐ)
h. 相信自己有能力做好自己想做的事 (xiāng xìn zì jǐ yǒu néng lì zuò hǎo zì jǐ xiǎng zuò de shì)
i. 集中注意力 (jí zhōng zhù yì lì)

3 读一读，写一写

义工计划

日期：2003年7月21日—8月31日

时间：下午四点—六点

地点：阳光小学

目的：1. 帮助有困难的家庭照看子女
　　　2. 教小学生怎样合理安排时间
　　　3. 让学童得到大哥哥、大姐姐的关心
　　　4. 义工们可以尝试自行设计教学计划
　　　5. 义工们可以学到怎样与人相处

服务对象：小一至小六

申请人年龄：十四岁或以上

参加人数：20人

报名日期：2003年6月30日前

联系人：王青河

电话：21 6281 8156（办）　传真：21 6281 8155（办）

电子邮箱：schoolchildren@hotmail.com

查字典：

1. 合理 (hé lǐ)
2. 尝试 (cháng shì)
3. 自行 (zì xíng)
4. 对象 (duì xiàng)
5. 人数 (rén shù)

根据上文回答下列问题：

1. 这个义工计划帮助什么样的学生？
2. 这些学童在哪些方面需要义工帮助？
3. 通过这个计划，义工们可以学到什么？
4. 如果你想参加这个义工计划，你在2003年7月1日报名，行吗？
5. 如果你今年十四岁，你可不可以申请？
6. 如果你想申请，但有些问题想问一下，你跟谁联系？怎么联系？

作文： 假设你去帮人照看两个分别是四岁和六岁的男孩一天。

写一篇作文，内容包括：

— 你可能会遇到什么困难
— 你怎么安排午饭
— 你给他们安排什么活动
— 如果出现紧急情况，你会怎样处理

4 阅读理解

青少年服务中心

如果你在生活、学习、家庭、交友等方面有问题,"青少年服务中心"可以帮助你!你可以:

1. 写信　　　　邮寄地址:北京太平路78号
　　　　　　　　　　　　青少年服务中心

2. 打热线电话　电话号码:10 6864 7135

3. 发电子邮件　电子邮箱:youthcentre@yahoo.com

4. 联系社工　　直拨电话:10 6864 7070

本中心还可以帮助你找补习老师,解决学习上的困难。如果你需要找暑期工,本中心也会帮你介绍工作。

如想知道更多关于本中心的服务项目,可查阅网址:
http://www.youthcentre.com

猜一猜:

1. 热线 (rè xiàn)
2. 社工 (shè gōng)
3. 直拨 (zhí bō)
4. 项目 (xiàng mù)
5. 查阅 (chá yuè)
6. 网址 (wǎng zhǐ)

根据上文回答下列问题:

1. 如果你想找社工谈话,你怎么跟他们联系?有没有直线电话?

2. 如果你有些问题不想口头说,你可以通过什么方法跟社工联系?

3. 如果你想找补习老师,这个青少年服务中心能不能帮你?

4. 如果你想知道更多的关于这个中心的信息,你该怎么办?

5. 如果你想跟青少年服务中心联系,一共有几种方法?

6. 这个青少年服务中心在哪个城市?

5 造句(至少选五个词)

1. 专心：他上课不专心，常常跟周围的同学说话。
2. 任何：下星期的义卖会，任何人都可以参加。
3. 信心：他做事情没有信心，总是怕做不好。
4. 事情：到底发生了什么事情，快点儿告诉我。
5. 聊天：她一有空就跟朋友聊天。
6. 谈话：每个学期班主任都会跟班上每个同学谈话。
7. 爱心：养宠物需要有爱心和一定的知识。
8. 确实：在"校外活动周"里我确实学到了平时学不到的东西。
9. 改变：东郭先生不知道狼的本性是不会改变的。
10. 态度：他学习态度很认真。

6 圈出合适的词语

宠坏了的孩子有什么特点？

没什么朋友　脾气坏　关心别人　生活不能自理　没有耐心

帮妈妈做家务　很独立　个性很强　不说真话　花钱大手大脚

很任性　诚实　怕吃苦　从来不发火　对人不友善　过于自信

挑食　乐于助人　大方　小气　跟父母关系不好　不爱学习

很少做家务　名牌衣服一大堆　零食不断　不听父母和老师的话

7 阅读理解

光华中学义卖收集活动

义卖会时间：2003年4月20日 10:00-16:00
地点：　　　　光华中学
收集类别：

1. 各种旧衣物、鞋、背包、家庭用品等（衣服必须整洁，没有破洞）
2. 各种二手玩具（没有破损，有原包装最好）
3. 各种书籍（要求有封面）

义卖会当日除设有二手货摊位外，还设食物摊位，欢迎本校各位家长、亲戚、朋友捐献各种风味饭菜，例如：印度菜、中国菜、日本菜、韩国菜、泰国菜、意大利菜等等。为保证食物的新鲜，请各位将食物于当日上午10:00以前送到学校礼堂。其他的捐献物于4月15日前送到校务室。义卖会当日还需要多位家长帮忙。有意者请赶快跟校务主任胡老师联系。

光华中学校长　宋世民
2003年4月1日

词语解释：

1. 义卖 yì mài a sale of goods for charity or other worthy causes
2. 整洁 zhěng jié clean and tidy
3. 洞 dòng hole
4. 破损 pò sǔn damaged; worn; torn
5. 包装 bāo zhuāng package
6. 二手货 èr shǒu huò second-hand goods
7. 摊位 tān wèi vendor's stand; stall
8. 捐献 juān xiàn contribute (to an organization); donate
9. 保证 bǎo zhèng guarantee
10. 校务 xiào wù administrative affairs of a school
11. 主任 zhǔ rèn director; head; chairman

根据上文回答下列问题：

1. 光华中学的义卖会在何时何地举行？

2. 义卖会收集的东西包括家具吗？

3. 你应该在哪天之前把旧衣服送去？

4. 义卖会那天你如果想去帮忙，你应该跟谁联系？

8 词汇扩展

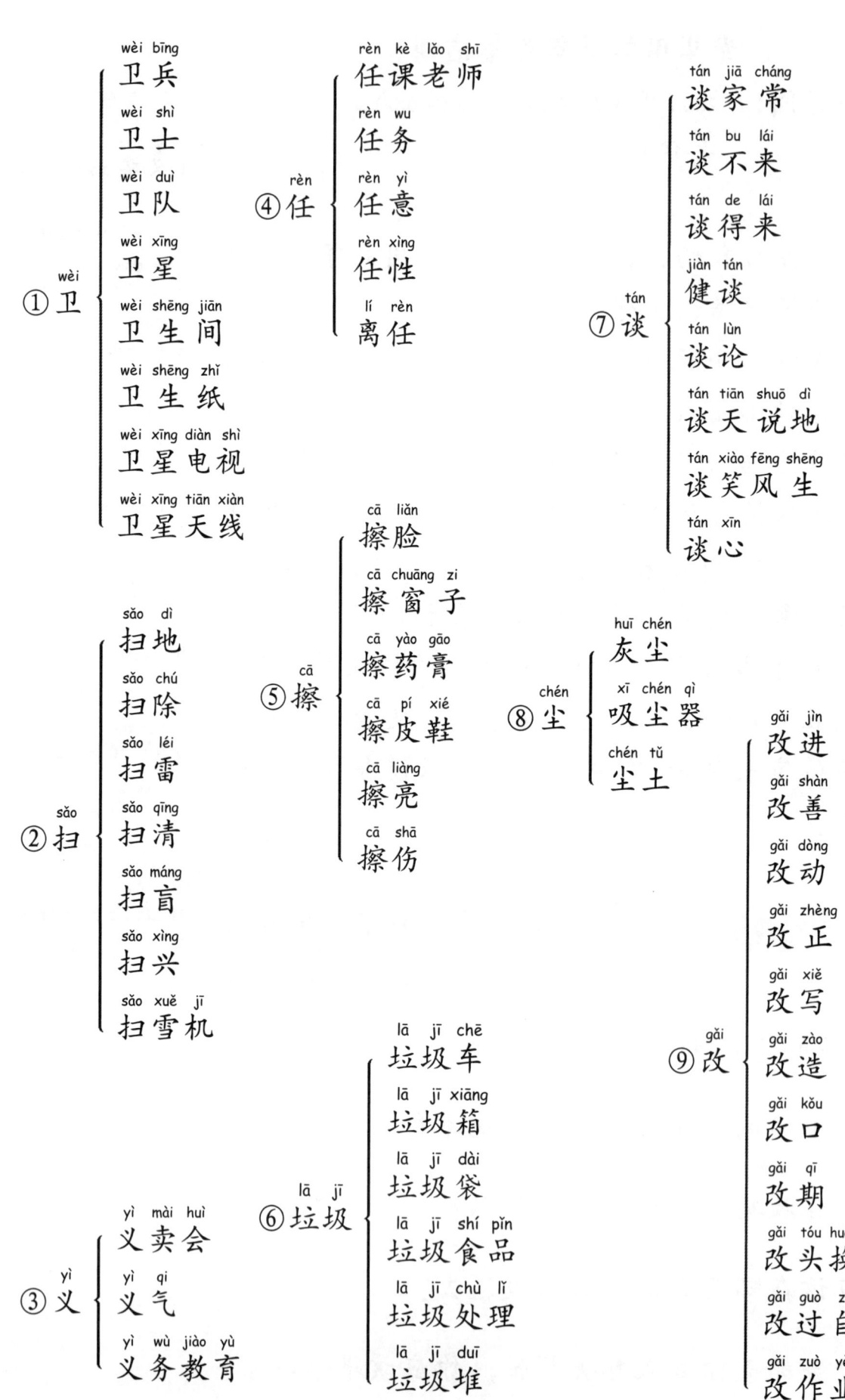

① 卫
- wèi bīng 卫兵
- wèi shì 卫士
- wèi duì 卫队
- wèi xīng 卫星
- wèi shēng jiān 卫生间
- wèi shēng zhǐ 卫生纸
- wèi xīng diàn shì 卫星电视
- wèi xīng tiān xiàn 卫星天线

② 扫 sǎo
- sǎo dì 扫地
- sǎo chú 扫除
- sǎo léi 扫雷
- sǎo qīng 扫清
- sǎo máng 扫盲
- sǎo xìng 扫兴
- sǎo xuě jī 扫雪机

③ 义 yì
- yì mài huì 义卖会
- yì qi 义气
- yì wù jiào yù 义务教育

④ 任 rèn
- rèn kè lǎo shī 任课老师
- rèn wu 任务
- rèn yì 任意
- rèn xìng 任性
- lí rèn 离任

⑤ 擦 cā
- cā liǎn 擦脸
- cā chuāng zi 擦窗子
- cā yào gāo 擦药膏
- cā pí xié 擦皮鞋
- cā liàng 擦亮
- cā shāng 擦伤

⑥ 垃圾 lā jī
- lā jī chē 垃圾车
- lā jī xiāng 垃圾箱
- lā jī dài 垃圾袋
- lā jī shí pǐn 垃圾食品
- lā jī chù lǐ 垃圾处理
- lā jī duī 垃圾堆

⑦ 谈 tán
- tán jiā cháng 谈家常
- tán bu lái 谈不来
- tán de lái 谈得来
- jiàn tán 健谈
- tán lùn 谈论
- tán tiān shuō dì 谈天说地
- tán xiào fēng shēng 谈笑风生
- tán xīn 谈心

⑧ 尘 chén
- huī chén 灰尘
- xī chén qì 吸尘器
- chén tǔ 尘土

⑨ 改 gǎi
- gǎi jìn 改进
- gǎi shàn 改善
- gǎi dòng 改动
- gǎi zhèng 改正
- gǎi xiě 改写
- gǎi zào 改造
- gǎi kǒu 改口
- gǎi qī 改期
- gǎi tóu huàn miàn 改头换面
- gǎi guò zì xīn 改过自新
- gǎi zuò yè 改作业

9 阅读理解

青少年奖励计划(AYP)
是一项国际性的青少年活动计划

目的	让青少年走出校门，认识外面的世界，学习为他人服务，锻炼身体，培养兴趣以及学会与人合作	
年龄	十四岁至二十五岁	
奖励计划	铜章	必须十四岁或以上
	银章	必须十五岁或以上
	金章	必须十六岁或以上
活动时限	铜章	不少于六个月
	银章	不少于十二个月
	金章	不少于十八个月
活动科别	服务科、技能科、野外科、体育科（金章参加者还需完成团体生活科）	

词语解释：
1. 奖励 (jiǎng lì) award
2. 培养 (péi yǎng) cultivate; foster; train
3. 至 (zhì) until
4. 铜章 (tóng zhāng) bronze medal
5. 银章 (yín zhāng) silver medal
6. 金章 (jīn zhāng) gold medal
7. 时限 (shí xiàn) time limit
8. 技能 (jì néng) technical ability
9. 野外 (yě wài) open country; field
10. 团体 (tuán tǐ) group; team

根据上文回答下列问题：

1. 如果你今年十五岁，你可以参加哪个级别的活动？

2. 这个活动的参加者最大年纪是多少？

3. 金章参加者要参加哪几科活动？

4. 如果你想得到铜章，你最少要参加多长时间的活动？

5. 是不是任何国家的青少年都可以参加此计划？

6. 此计划的目的之一是什么？

10 填充

我今年参加了银章"青少年奖励计划"。我已经数不清走过了多少公____的路，而且每次都要背着20公____重的背包。背包装满了"必需品"，像一个小超市。我们爬过很多山坡，经____会迷路，幸好我们带了地图和手____。我们在野外露____，几乎每天都吃同样的饭菜。

虽然我说了这么多不好，其实我非____喜欢这个活____。我从中学到了很多东____。我学会了吃苦，遇到意想不到的事不着急，还有我看到了大自____的美景——蓝天、白云、满眼的绿色……。除此以外，我还参____了体育活动，练习了日语，还做了社区服务工作。总之，我觉得这项活动很有意义。我建议每个青年人都应该参加一期。

11 翻译（注意带点的字）

1. 地里的菜苗都给虫子吃光了。
   dì li de cài miáo dōu gěi chóng zi chī guāng le

2. 东郭先生差点儿被狼吃了。
   dōng guō xiān sheng chà diǎnr bèi láng chī le

3. 我的化妆品全让她们用完了。
   wǒ de huà zhuāng pǐn quán ràng tā men yòng wán le

4. 新出的影碟都让人借走了。
   xīn chū de yǐng dié dōu ràng rén jiè zǒu le

5. 我新买的扇子叫姐姐送人了。
   wǒ xīn mǎi de shàn zi jiào jiě jie sòng rén le

6. 这根绳子被人剪断了。
   zhè gēn shéng zi bèi rén jiǎn duàn le

7. 他被派到英国留学两年。
   tā bèi pài dào yīng guó liú xué liǎng nián

8. 小偷被警察抓住了。
   xiǎo tōu bèi jǐng chá zhuā zhù le

12 读一读，写一写

学生会总结报告

我们在过去的一年为全校学生做了不少工作。首先，我们感到满意的是现在低年级的"社交晚会"节目比以前丰富多了，增加了体育比赛、跳舞比赛、电影放映、电子游戏等等。我们还为参加晚会的学生提供零食及饮料。其次，我们还跟"家长教师协会"合作，改善了小卖部的食品及服务。另外，我们通过几次"便服日"，为学校集资了一万港币。可以这么说，我们这一年的工作达到了预期的目的。在此我们感谢一直支持、帮助我们的校长、老师、家长和同学们。

学生会全体成员
2003 年 4 月 10 日

词语解释：

1. 总结 zǒng jié summarize
2. 报告 bào gào report
3. 社交 shè jiāo social contact
4. 晚会 wǎn huì evening party; social evening
5. 增加 zēng jiā increase; add
6. 放映 fàng yìng show (a movie)
7. 零食 líng shí snack
8. 饮料 yǐn liào beverage; drink
9. 协会 xié huì association; society
10. 改善 gǎi shàn improve
11. 集资 jí zī raise funds; pool resources
12. 支持 zhī chí sustain; support; hold out

根据上文回答下列问题：

1. 学生会在过去的一年为学校做了哪几件事情？

2. 他们是怎样改善低年级的"社交晚会"的？

3. 在这一年中学生会得到了谁的支持？

4. 这份报告是谁写的？

作文： 假设你是新一届学生会主席，你会在以下几个方面做出哪些改进：

— 课外活动
— 社交晚会
— 小卖部
— 学校开放日

13 解释下列词语(注意带点的字)

① 妇女 / 扫地
② 警察 / 擦窗户
③ 拉手 / 垃圾
④ 清淡 / 谈话
⑤ 推拿 / 土堆
⑥ 轮椅 / 争论
⑦ 意义 / 会议
⑧ 太太 / 态度

14 翻译("把"字句)

1. 我把房间打扫干净了。
2. 你帮我把菜切好,放在一边。
3. 跳高的时候他把腿摔断了。
4. 我把这个月的工资全存到银行里去了。
5. 她把下一个年度的报刊、杂志全订好了。

15 翻译

电影《小孩不笨》(I Not Stupid)

故事简介:三个读书成绩都不好的小孩进入了EM3班。他们分别是国彬、文福和Terry。国彬的妈妈给他很大的压力,让他努力读书,一分钟也不能浪费。文福的爸爸在坐牢,妈妈一个人挣钱养家,文福决心为妈妈争气,好好读书。Terry在家娇生惯养,因为家里非常有钱,但学习成绩很差,同学们都看不起他。

16 阅读理解

校外活动周

每年的十月中旬，我们学校停课一星期，____"校外活动周"。____学生都走出课室，到社会这个大课堂里锻炼他们的应变和自理____，增强自信心，____各种挑战。

在这一周里，学校根据学生____、能力和兴趣____五花八门的活动。学校组织七、八年级学生____露营，活动有骑马、划独木舟、游泳、打球等；九年级学生____野外活动，例如，爬山、远足等等；十年级学生____旅行团去英国、法国、美国、中国、越南、泰国等国家旅游____；十一年级的学生参加社区服务，去老人院或孤儿院做____。十二、十三年级的学生则去工厂、公司、银行及商店做一周的义工，以获得工作____。每个同学回校后都说他们学到了在教室里学不到的东西。

校长：李查斯

查字典：
1. 中旬 zhōng xún
2. 停课 tíng kè
3. 举办 jǔ bàn
4. 应变 yìng biàn
5. 增强 zēng qiáng
6. 自信 zì xìn
7. 挑战 tiǎo zhàn
8. 五花八门 wǔ huā bā mén
9. 集体 jí tǐ
10. 独木舟 dú mù zhōu
11. 远足 yuǎn zú
12. 孤儿 gū ér

根据上文判断正误：

☐ 1) 在"校外活动周"里，七、八年级的学生去露营。
☐ 2) 十年级的学生留在本校学习。
☐ 3) 十一年级的学生都去孤儿院做义工。
☐ 4) 十二、十三年级的学生去工厂实习。
☐ 5) "校外活动周"的目的之一是使学生提高自信心。
☐ 6) 九年级学生的活动不包括骑马和划独木舟。

用所给的词语填空：

能力	体会
经验	年龄
专门	集体
组成	接受
观光	义工
参加	安排
全校	举办

阅读(十二) 井底之蛙

1 根据课文回答下列问题

1. 青蛙对自己的住处满意吗？
2. 青蛙把它的住处比作什么？
3. 井里的环境怎么样？
4. 海龟觉得住在大海里好还是住在井里好？
5. 青蛙见过大海吗？它能想像出大海是什么样吗？

2 词汇扩展

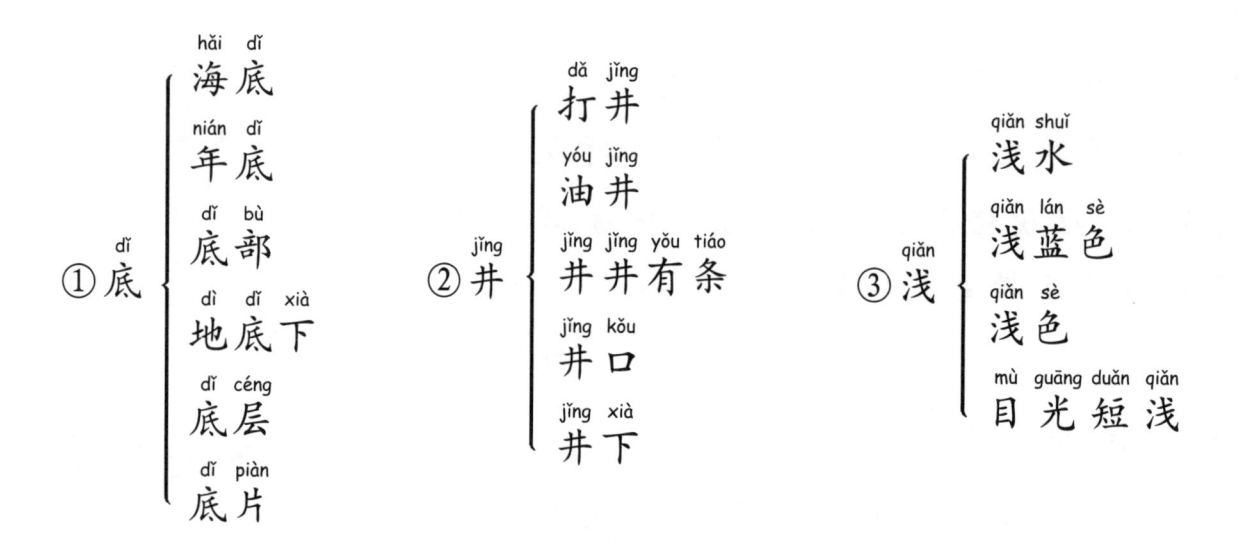

① 底
- hǎi dǐ 海底
- nián dǐ 年底
- dǐ bù 底部
- dì dǐ xià 地底下
- dǐ céng 底层
- dǐ piàn 底片

② 井
- dǎ jǐng 打井
- yóu jǐng 油井
- jǐng jǐng yǒu tiáo 井井有条
- jǐng kǒu 井口
- jǐng xià 井下

③ 浅
- qiǎn shuǐ 浅水
- qiǎn lán sè 浅蓝色
- qiǎn sè 浅色
- mù guāng duǎn qiǎn 目光短浅

3 解释下列词语(注意带点的字)

① jǐng dǐ 井底 / jiǎng zuò 讲座
② guō dǐ 锅底 / dī tóu 低头
③ qīng wā 青蛙 / pí xié 皮鞋
④ wū guī 乌龟 / fā diàn 发电
⑤ qiǎn huī sè 浅灰色 / diàn xiàn 电线
⑥ pú tao 葡萄 / yáo tóu 摇头
⑦ zhēng yǎn 睁眼 / fēng zheng 风筝
⑧ zhǔn bèi 准备 / xīng fèn 兴奋

4 配对

1. 不欢而散 (bù huān ér sàn)
2. 不计其数 (bú jì qí shù)
3. 不毛之地 (bù máo zhī dì)
4. 不闻不问 (bù wén bú wèn)
5. 背井离乡 (bèi jǐng lí xiāng)
6. 不务正业 (bú wù zhèng yè)
7. 步人后尘 (bù rén hòu chén)
8. 成家立业 (chéng jiā lì yè)

a. 无法计算数目，数量很多 (wú fǎ jì suàn shù mù, shù liàng hěn duō)
b. 很不开心地分手 (hěn bù kāi xīn de fēn shǒu)
c. 不听也不问、不关心 (bù tīng yě bú wèn, bù guān xīn)
d. 放下自己的正当工作不做，去做其他事情 (fàng xia zì jǐ de zhèng dāng gōng zuò bú zuò, qù zuò qí tā shì qing)
e. 结婚成家，并在事业或家业上有所成就 (jié hūn chéng jiā, bìng zài shì yè huò jiā yè shang yǒu suǒ chéng jiù)
f. 不能生长农作物的地方 (bù néng shēng zhǎng nóng zuò wù de dìng fang)
g. 离开家乡，在外生活 (lí kāi jiā xiāng, zài wài shēng huó)
h. 跟在别人后面，走别人的老路 (gēn zài bié rén hòu mian, zǒu bié rén de lǎo lù)

5 填充

双 门 架
斤 只 辆
棵 把 杯
所 扇 瓶
家 根 支
碗 匹 场
部 份 打
台 张 堵
套 块 包
副 座 盒
首 幢 件
个 口 间
对 头 条
封 节

1. 一___青蛙
2. 一___乌龟
3. 一___马
4. 一___邮票
5. 一___山
6. 一___教学楼
7. 一___井
8. 一___歌曲
9. 一___牛
10. 一___钢琴
11. 一___卡车
12. 一___扇子
13. 一___报纸
14. 一___狐狸
15. 一___夫妇
16. 一___影碟
17. 一___石头
18. 一___柱子
19. 一___绳子
20. 一___信
21. 一___桥
22. 一___剪刀
23. 一___球鞋
24. 一___牛奶
25. 一___铅笔
26. 一___巧克力
27. 一___外套
28. 一___课
29. 一___足球赛
30. 一___墙
31. 一___鸡蛋
32. 一___饼干
33. 一___领带
34. 一___教室
35. 一___游泳池
36. 一___学问
37. 一___树
38. 一___电池
39. 一___大学
40. 一___礼品店
41. 一___电脑
42. 一___鸡汤
43. 一___西装
44. 一___眼镜
45. 一___窗户

第四单元 复习、测验

1 解释下列词语

1 名词

镇	夫妇	象牙	邮筒	平信	家务	独生子
邮票	信封	工资	报刊	信心	信件	航空信
演出	眼力	心情	华人	社区	居民	保龄球
生活	书籍	讲座	舞蹈	社交	场合	邮递员
移民	华侨	影碟	包裹	盲人	佛经	明信片
柱子	绳子	故事	困难	卫生	义工	挂号信
窗户	意义	垃圾	轮椅	态度	爱心	千里马
井底	青蛙	海龟	住处	天堂	唐人街	阅览室

2 动词

退休	经营	营业	贴	存	领取	订
缺少	识别	遇见	脱	盖	伸	提供
使得	举办	解决	下棋	摸	说服	查资料
打扫	擦	吸尘	谈话	聊天	照看	推
改变	摇头	继续	睁	想像	喘气	成为

3 形容词

粗	细	低	任何	专心	兴奋	浅
满意	快活	具体				

4 副词

专门	吃力	确实	定期	清晨	一下子

5 连词

不仅……而且……　　不单

6 短语

争论不休　　无边无际

2 查字典，解释下列词语

1. 班主任 _____ 2. 时态 _____ 3. 车轮 _____

4. 刊物 _____ 5. 续集 _____ 6. 缺德 _____

7. 快递 _____ 8. 飞碟 _____ 9. 灰尘 _____

3 找反义词

1. 粗 →
2. 存 →
3. 高 →
4. 干净 →
5. 无聊 →
6. 推 →
7. 专心 →
8. 吃力 →
9. 直 →
10. 精明 →
11. 闷热 →
12. 出口 →
13. 散 →
14. 麻烦 →
15. 简单 →
16. 底 →
17. 马虎 →
18. 清晨 →

低	拉	细	有趣
取	脏	方便	凉快
分心	愚笨	弯	盖
复杂	入口	合	
仔细	夜晚	省力	

4 配对

1. 贴
2. 寄
3. 领
4. 订
5. 脱下
6. 识别
7. 举办
8. 查
9. 改变
10. 讲

a. 工资
b. 上衣
c. 邮票
d. 真假
e. 主意
f. 包裹
g. 故事
h. 健康知识讲座
i. 资料
j. 报刊杂志

5 翻译

1. 在世界上大多数国家，人们的退休年龄一般在60岁左右。
2. 他今年六十岁了，但身体很棒，上六层楼从不喘大气。
3. 如今在网上什么资料都能查到。
4. 他说的话，总是让人摸不着头脑。
5. 孙林是个游泳健将，今年刷新了学校100米蛙泳记录。

6 根据你自己的情况回答下列问题

1. 你有没有订报刊杂志？订了什么？
2. 你经常发电邮给你的亲戚朋友吗？
3. 你去旅行时，是否会给家里人寄明信片？
4. 你去旅行时，经常坐哪家航空公司的飞机？
5. 你在家帮妈妈做哪些家务？
6. 你今后会移民外国吗？会去哪个国家？为什么？
7. 你是家里的独生子／女吗？
8. 你心情不好的时候会不会哭？

7 阅读理解

我叫何祖明。我和父母是1996年移民去加拿大的。那时我只有9岁，我们在多伦多定居了下来。由于我们是新移民，在生活上遇到了很多困难。幸好我们家邻居是一对老华侨，我管他们叫爷爷、奶奶。他们帮了我们不少忙，解决了我们一些困难，例如，我父母星期一到五要下午六点半才到家，我放学以后就寄托在他们家。老夫妇俩有一个孙子跟他们一起住，他比我大两岁，我们在同一个学校上学，我们常常放学回家后一起玩。

老爷爷有七十多岁了，他的腿有毛病，所以外出要坐轮椅。老奶奶还挺健康。为了回报他们对我的照顾，我经常主动帮他们吸尘、倒垃圾，帮奶奶打扫卫生，在花园里帮他们除草、浇花，有时还推着坐轮椅的爷爷在花园里"散步"。老爷爷喜欢下棋，我们四个人还经常进行象棋比赛。

现在我们住在温哥华，但我还经常跟老爷爷、老奶奶通电话，问候他们。

根据上文回答下列问题：

1. 何祖明刚到加拿大时遇到了什么困难？
2. 1996年老华侨的孙子多大了？
3. 老爷爷、老奶奶是不是何祖明家的亲戚？
4. 老爷爷为什么要坐轮椅？
5. 何祖明帮老奶奶做了哪些家务活？
6. 现在何祖明跟老爷爷、老奶奶还有联系吗？

词汇表

A

ā	阿	prefix used before a kinship term
āfántí	阿凡提	Effendi
āyí	阿姨	mother's (unmarried) sister; aunt
àifēi'ěr tiětǎ	艾菲尔铁塔	Eiffel Tower
àixīn	爱心	love; sympathy
ānpái	安排	arrange
ānwèi	安慰	comfort

B

bālí	巴黎	Paris
bālí shèngmǔyuàn	巴黎圣母院	Notre Dame
báijīnhàngōng	白金汉宫	Buckingham Palace
bǎishòuzhīwáng	百兽之王	king of all animals
bānjī	班机	airliner; regular air service
bàn	扮	be dressed up as
bāoguǒ	包裹	parcel; package
bǎo	保	protect; defend; preserve
bǎolíngqiú	保龄球	bowling
bàokān	报刊	newspapers and periodicals
bàomíng	报名	sign up
bēi	背	carry on the back
bèi	备	be equipped with
bèizhù	备注	remarks
bì	必	must; have to
bìxū	必需	necessary; essential
bìxū	必须	must; have to
biānjiāng	边疆	border area; frontier
biàn	遍	all over; verbal measure word
biǎodá	表达	express
biǎoshì	表示	show; indicate
biǎoxiōng/dì/jiě/mèi	表兄/弟/姐/妹	cousins with different surname
bīng	兵	weapons; army
bó	博	abundant; knowledgeable; gamble
bó	伯	father's elder brother
bófù	伯父	father's elder brother
bólè	伯乐	a man good at scouting talent
bómǔ	伯母	wife of father's elder brother
bówùguǎn	博物馆	museum
bùchū-suǒliào	不出所料	as expected
bùdān	不单	not only; not the only
bùfen	部分	part; section
bùjǐn	不仅	not only
bùjǐn……érqiě	不仅……而且……	not only... but also...
bùkě-kāijiāo	不可开交	be terribly busy
bùrán	不然	or else
bùxiū	不休	endlessly
bùzhǔn	不准	not allow

C

cā	擦	rub; scratch; wipe with rags
cái	材	timber; material; ability
cānchē	餐车	dining car
cānguān	参观	visit
cáng	藏	hide; store
chá	查	check; exam; inspect
cházhǎo	查找	look for
chàdiǎnr	差点儿	almost; nearly
cháng	尝	taste
chángtú diànhuà	长途电话	long-distance call
chángyòng	常用	in common use
chǎnghé	场合	occasion; situation
chāoguò	超过	surpass; exceed
chǎo	吵	make a noise
chǎojià	吵架	quarrel
chén	晨	morning
chén	尘	dust; dirt
chēng	称	call; weigh
chēnghu	称呼	call; address

167

chéng	乘	ride; multiply		dàshà	大厦	large buildings; mansions
chéng	诚	sincere; honest		dàyì	大意	general idea; main point
chéngshí	诚实	honest		dāying	答应	answer; agree
chéngwéi	成为	become		dàyīng bówùguǎn	大英博物馆	Great British Museum
chéngzhǎng	成长	grow up		dài	袋	bag; sack; pocket; pouch
chīlì	吃力	requiring effort		dàibàn	代办	do sth. for sb.
chóngqìng	重庆	Chongqing		dàizi	袋子	sack; bag
chóngxīn	重新	again; once more		dàn	淡	thin; light; tasteless
chǒng	宠	bestow favour on		dāngbīng	当兵	be a soldier; serve in the military
chǒngwù	宠物	pet		dāngdì	当地	local
chūfā	出发	set out		dāngrán	当然	certainly; of course
chūlù	出路	way out		dǎo	岛	island
chūshì	出世	be born		dǎoyǔ	岛屿	islands and islets
chù	处	place		dǎo	导	lead; guide
chuǎn	喘	gasp of breath		dǎoyóu	导游	tourist guide
chuǎnqì	喘气	breathe deeply		dǎo	蹈	step
chuānghu	窗户	window		dàodá	到达	arrive; reach
chūnqiū	春秋	the Spring and Autumn Period (770-476BC)		dī	低	low
				dǐ	底	bottom; base
cǐ	此	this		dì	递	hand over; deliver
cóngjūn	从军	join the army		dìqū	地区	area; district region
cū	粗	wide (in diameter); broad; thick; rough		diànzǐ	电子	electronics
cù	醋	vinegar		diànzǐ yóuxì	电子游戏	video game
cūn	村	village		diào	调	accent
cūnmín	村民	villager		dié	碟	saucer
cún	存	exist; deposit; store		dìng	订	subscribe to; book; order
				dìngqī	定期	fix a date; regular
				dìngshí	定时	at a fixed time
				dōngguō xiānsheng	东郭先生	Mr. Dongguo

D

				dǒng	懂	understand; know
dá	达	reach; extend; express		dòuzhìpǐn	豆制品	bean products
dǎzhàng	打仗	fight; go to war		dú	读	read; attend school
dàbènzhōng	大笨钟	Big Ben		dúshū	读书	read a book; study
dàbǐng	大饼	a kind of large flatbread		dúyīn	读音	pronunciation
dà bùfen	大部分	majority; most parts		dú	独	single; alone; only
dàdūshì	大都市	metropolis		dúlì	独立	independent
dàgài	大概	general idea; probably		dúshēngzǐ	独生子	only child
dàjiā	大家	everybody		dǔ	堵	block up
dàlù	大陆	continent		duàn	断	break; snap
dǎsǎo	打扫	sweep; clean		duàn	段	section; part

duìhuà	对话	conversation
duì……mǎnyì	对……满意	be satisfied with

F

fāhuǒ	发火	catch fire; get angry
fāyīn	发音	pronounce; pronunciation
fán	繁	numerous; multiply
fánhuá	繁华	flourishing; bustling
fántǐzì	繁体字	the original complex form of a simplified Chinese character
fán	凡	ordinary
fán	烦	be annoyed
fǎn	反	in an opposite direction; inside out
fǎn'ér	反而	on the contrary
fǎng	访	visit
fǎngwèn	访问	visit; interview
fēifán	非凡	extraordinary
fèiyòng	费用	expense
fēnbié	分别	respectively
fěn	粉	powder; pink
fèn	奋	act vigorously
fēng	封	seal; envelope; measure word
fēngtǔ-rénqíng	风土人情	local customs
fēngwèi	风味	special flavour
fó	佛	Buddha
fójīng	佛经	Buddhist scripture
fǒu	否	no; deny
fūfù	夫妇	husband and wife
fǔ	府	government office; official residence
fù	副	measure word
fùzá	复杂	complicated

G

gǎi	改	change; correct
gǎibiàn	改变	change
gài	概	general idea
gài	盖	lid; cover
gǎn	敢	courageous; daring; be sure
gǎnjí	赶集	go to a fair
gāolíng	高龄	(of people over sixty) advanced age
gélín	格林	Green (surname)
gèxìng	个性	personality
gōnglǐ	公里	kilometre
gōngyè	工业	industry
gōngzī	工资	pay; wages; salary
gòng	供	lay (offerings); confess
gòu	购	buy
gòumǎi	购买	buy
gòuwù	购物	shopping
gū	姑	father's sister; husband's sister
gūfu	姑夫	husband of father's sister
gūgu	姑姑	father's (unmarried) sister
gūmā	姑妈	father's (married) sister
gùshi	故事	story
guàhào	挂号	register
guàhàoxìn	挂号信	registered mail or letter
guān	官	organ (a part of the body); official
guānfāng	官方	of the government; official
guān	观	look at; watch; sight; view
guānguāng	观光	go sight-seeing
guǎn……jiào	管……叫	call
guàn	惯	be used to
guǎngxī	广西	Guangxi
guàng	逛	stroll; roam
guàngjiē	逛街	roam the streets
guī	龟	tortoise; turtle
guō	锅	pot; pan; cauldron
guō	郭	surname
guóhuì dàshà	国会大厦	House of Parliament
guójì	国际	international
guǒ	裹	tie up; parcel; package

H

hǎiguī	海龟	sea turtle

hǎinándǎo	海南岛	Hainan Island
háng	航	boat; ship; navigate
hángkōng	航空	aviation
hángkōng xìn	航空信	air mail
hǎochu	好处	advantage; benefit
hǎoshì	好事	good thing
hé	何	what; which; how; why
héshang	和尚	Buddhist monk
hézuò	合作	work together
hè	贺	congratulate
hóuzi	猴子	monkey
hū	呼	breathe out; call
hú	狐	fox
húli	狐狸	fox
húzi	胡子	beard; moustache or whiskers
hùzhào	护照	passport
huāyàng fánduō	花样繁多	of all shapes and colours
huá	华	splendour; China
huáqiáo	华侨	overseas Chinese nationals
huárén	华人	Chinese; foreign citizens of Chinese origin
huà	划	differentiate; plan
huàfēn	划分	divide
huàzhuāngpǐn	化妆品	cosmetics
huàichu	坏处	disadvantage; harm
huàishì	坏事	ruin sth.; bad thing
huānyíng	欢迎	welcome
huíchéng	回程	return trip
huì	绘	paint; draw
huìhuà	绘画	drawing; painting
hūn	婚	wed; marry
huópo	活泼	lively
huò	祸	misfortune; disaster
huògēn	祸根	the root of the trouble

J

jī	积	accumulate
jīhū	几乎	almost
jí	籍	book; record; place of origin
jì	济	relieve; help
jì	纪	record; age; period
jìniàn	纪念	commemorate
jì	际	border; boundary
jì	迹	mark; trace
jì	既	since; now that
jì	继	continue; succeed
jìxù	继续	continue
jì......yòu......	既……又……	both... and... ; as well as
jiāpǔ	家谱	family tree
jiāwù	家务	housework
jiān	煎	fry in shallow oil
jiǎn	简	simple; simplify
jiǎndān	简单	simple
jiǎntǐzì	简体字	simplified Chinese character
jiǎnzhí	简直	simply
jiǎn	剪	scissors; cut(with scissors)
jiǎnzhǐ	剪纸	paper-cut
jiàn	箭	arrow
jiāng	将	be going to; will
jiāngjìn	将近	close to; almost
jiāngjūn	将军	general
jiāng	疆	boundary; border
jiǎng	讲	speak; say; tell
jiǎngjiu	讲究	be particular about; strive for
jiǎngzuò	讲座	lecture
jiàngyóu	酱油	soy sauce
jiē	街	street
jiéhūn	结婚	get married; be married
jiě	解	explain; interpret
jiějué	解决	solve; settle
jiè	介	be situated between
jièshào	介绍	introduce
jīnróng	金融	finance; banking
jǐn	仅	only; just
jìnyíbù	进一步	further
jīng	精	smart; skilled
jīngmíng	精明	smart; shrewd
jīngjiǔxiàn	京九线	Beijing-Kowloon Railway

jīngjì	经济 economy		
jīngyíng	经营 manage; operate; run		
jǐng	景 view; scenery		
jǐngdiǎn	景点 scenic spots		
jǐng	井 well		
jiū	究 study carefully		
jiù	救 rescue; save		
jiùjiu	舅舅 mother's brother		
jiùmā	舅妈 wife of mother's brother		
jūmín	居民 resident		
jǔbàn	举办 conduct; hold		
jù	句 sentence		
jùtǐ	具体 detailed; specific		
jùzi	句子 sentence		
jué	决 make a decision		
jūn	军 armed forces; army		

K

kāishān	开山 cut into a mountain
kān	刊 print; publication; periodical
kào	靠 lean against the wall; get near; depend on
kějiàn	可见 it is thus clear; it shows
kělián	可怜 pitiful
kěliánxiàng	可怜相 a pitiable look
kěxī	可惜 it is a pity
kěn	肯 agree; be willing to
kōngtiáo	空调 air-conditioner
kǒudài	口袋 bag; sack
kǒuwèi	口味 a person's taste
kǔ	苦 bitter; hardship
kuàihuo	快活 happy; cheerful
kùn	困 be stricken; sleepy
kùnnan	困难 difficulty

L

lājī	垃圾 garbage
là	辣 peppery; hot ;(of smell or taste) burn
lán	兰 orchid
lǎn	览 look at; view
láng	狼 wolf
lǎohàn	老汉 old man
lǎolao	姥姥 (maternal) grandmother
lǎoye	姥爷 (paternal) grandfather
lǎoshǔ	老鼠 mouse; rat
lèyú	乐于 be happy to; be ready to
líkāi	离开 leave
líbukāi	离不开 cannot do without
lí	狸 raccoon dog
lì	例 example
lìrú	例如 for example
lìgōng	立功 win honour; render outstanding service
lián	联 unit
liánhéguó	联合国 the United Nations
lián	怜 pity
liánmáng	连忙 quickly
lián……yě	连……也 even
liáng	良 good; fine
liáo	聊 chat
liáotiān	聊天 chat
liǎo	了 can; end
liǎojiě	了解 understand; find out
liào	料 material
liàozi	料子 material
liè	猎 hunt
lièrén	猎人 hunter
lín	林 forest; woods; grove
lǐngqǔ	领取 draw; receive
liú	留 remain; stay; leave behind
liúxuéshēng	留学生 student studying abroad
lù	陆 land
lùxiàngdài	录像带 video tape
lú	驴 donkey

lǚxíng	旅行	travel
lǚxíngshè	旅行社	travel agency
lǚyóu	旅游	tour; tourism
lún	轮	wheel
lúndūn	伦敦	London
lúnyǐ	轮椅	wheelchair
lùn	论	discuss; opinion; theory
luófúgōng	罗浮宫	the Louvre

M

má	麻	tingling; numb; linen
máfan	麻烦	troublesome
mǎhu	马虎	careless; casual
mǎn	满	full; packed
mǎnbúzàihu	满不在乎	not worry at all; not care in the least
mǎnyì	满意	satisfied; pleased
máng	盲	blind
mángrén	盲人	the blind
máolǘ	毛驴	donkey
mēn	闷	stuffy; silent
mèngjiàn	梦见	see in a dream
miànfěn	面粉	flour
miànjī	面积	area
miànshí	面食	pasta; food from wheat flour
miè	灭	(of a light, fire, etc.) go out
mínzú	民族	nationality; ethnic group
míngshèng gǔjì	名胜古迹	scenic spots and historical sites
míngxìnpiàn	明信片	postcard
mō	摸	feel; touch
mùlán	木兰	Mulan
mùqián	目前	present; current

N

nàme	那么	in that way
nài	耐	be able to endure
nàixīn	耐心	patience
náncháo	南朝	Southern Dynasty (420-589)
nándé	难得	hard to come by; rare
nèiměnggǔ	内蒙古	Inner Mongolia
nénggàn	能干	able; capable
ní	泥	mud
nítǔ	泥土	soil
niánjì	年纪	age
niánqīngrén	年轻人	young people
niàn	念	read aloud; study; attend school
níngxià	宁夏	Ningxia
niújīn	牛津	Oxford
niǔyuē	纽约	New York
nóngfū	农夫	peasant; farmer
nǔ	努	bulge
nǔlì	努力	make great efforts
nǚbàn-nánzhuāng	女扮男装	a woman disguised as a man
nǚshén	女神	goddess

P

pài	派	send; dispatch
péi	陪	accompany
pí	脾	spleen
píqi	脾气	temper
pǐ	匹	single; measure word
pīn	拼	piece together
pīnyīn	拼音	spell; phonetics
pǐncháng	品尝	taste; sample
píngfāng	平方	square
píngxìn	平信	ordinary mail
pō	泼	splash; daring
pó	婆	an old woman
pū	扑	throw oneself on or at
pūmiè	扑灭	put out; extinguish
pǔ	谱	a record for easy reference

Q

qī	妻	wife
qīzi	妻子	wife
qī	戚	relative
qí	棋	chess or any board game
qǐhuǒ	起火	(of fire) break out
qǐmíng	起名	give a name
qiān	签	sign; autograph
qiānzhèng	签证	visa
qiānlǐmǎ	千里马	winged-horse; person of great talent
qiǎn	浅	shallow; simple; (of colour) light
qiáng	强	strong; powerful
qiángdà	强大	big and powerful
qiáo	桥	bridge
qiáo	侨	live abroad
qiē	切	cut
qīnqi	亲戚	relative
qīng	轻	light
qīngchén	清晨	early morning
qīngdàn	清淡	light; not greasy or strongly flavoured
qīngxiù	清秀	pretty and graceful
qīngwā	青蛙	frog
qíng	情	feeling
qǔ	取	get
quān	圈	circle; ring; hoop
quán	拳	fist
quánchēng	全称	full name
quē	缺	be short; imperfect; vacancy
quēdiǎn	缺点	shortcoming; weakness
quēshǎo	缺少	lack; be short of
què	确	true; authentic
quèshí	确实	truly; really

R

rèn	任	let; allow; no matter
rènhé	任何	any; whatever; whichever; whoever
rēng	扔	throw; toss; cast
réng	仍	remain; still
réngrán	仍然	still; yet
rìqī	日期	date
róng	融	melt; circulation
rù	入	enter
rùchǎng	入场	admission
ruǎn	软	soft; flexible
ruǎnwò	软卧	sleeping carriage with soft berths

S

sài	塞	a place of strategic importance
sàiběi	塞北	beyond the Great Wall
sàn	散	come loose; fall apart
sànbù	散步	take a walk
sǎo	扫	sweep; clear away
sēn	森	trees growing thickly
sēnlín	森林	forest
shǎ	傻	stupid
shà	厦	a tall building
shānpō	山坡	hillside
shàn	善	kind; friendly
shànliáng	善良	kind-hearted
shàn	扇	fan
shànzi	扇子	fan
sháo	勺	spoon
shào	绍	carry on; continue
shàng	尚	esteem; still; yet
shǎobuliǎo	少不了	cannot do without
shǎoshù mínzú	少数民族	minority nationality
shè	社	agency; society
shèjiāo	社交	social life
shèqū	社区	community
shè	舍	house; hut
shēn	伸	stretch; extend
shēnzi	身子	body
shēncái	身材	figure; build

shěnshen	婶婶	wife of father's younger brother
shēngdiào	声调	tone; note
shēnghuó	生活	life
shēngxiào	生肖	any of the twelve symbolic animals associated with a twelve-year cycle, often used to denote the year of a person's birth
shéng	绳	rope; cord; string
shéngzi	绳子	cord; rope; string
shěng	省	province
shèng	圣	holy; sacred
shèng	剩	surplus
shèngxia	剩下	be left (over)
shī	失	lose
shíbié	识别	distinguish; identify
shídài guǎngchǎng	时代广场	Times Square
shíqī	时期	period
shíkuài	石块	(piece of) stone
shítou	石头	stone; rock
shísù	食宿	board and lodging
shízì	识字	learn to read; become literate
shǐ	使	make; cause; use
shǐdé	使得	make; cause
shǐyòng	使用	use
shì	示	show
shì	饰	decorations
shìwù	饰物	articles for personal adornments
shìbīng	士兵	soldier
shìfǒu	是否	whether or not
shìqing	事情	affair; matter
shìxiān	事先	in advance; beforehand
shōufèi	收费	collect fees; charge
shǒujī	手机	mobile phone
shǒujiǎo	手脚	movement of limbs
shǒulǐng	首领	leader; head
shǒuxiàng	首相	prime minister
shòu	兽	beast; animal
shūfǎ	书法	calligraphy
shūjí	书籍	books
shūshu	叔叔	father's younger brother; uncle
shú (shóu)	熟	ripe; cooked
shǔ	属	category; be born in the year of
shǔ	鼠	mouse; rat
shuāi	摔	fall; tumble
shuǐtǒng	水桶	bucket
shuōfú	说服	persuade; talk sb. over
sǒu	叟	old man
sù	宿	lodge for the night
sùshè	宿舍	dormitory
sūn	孙	grandson; surname
sūnnǚ	孙女	granddaughter
sūnyáng	孙阳	Sun Yang
sūnzi	孙子	grandson

T

tǎ	塔	tower
tǎqiáo	塔桥	tower bridge
tái	抬	lift; raise; carry
tài	态	form; state; appearance
tàidù	态度	manner; attitude
tàijíquán	太极拳	Taichi
tán	谈	talk; speak; chat; discuss
tánhuà	谈话	talk; conversation
tángrénjiē	唐人街	Chinatown
tángxiōng/dì/jiě/mèi	堂兄/弟/姐/妹	cousins with the same surname
táo	逃	run away; escape
tèsè	特色	characteristic; distinguishing feature
tí	题	topic; subject; title; problem
tígōng	提供	provide; offer
tíqǐ	提起	mention
tǐhuì	体会	know from experience
tì	替	take the place of
tiāndì	天帝	God of Heaven (supreme god in Chinese legend)
tiānjīn	天津	Tianjin
tiāntán	天坛	Temple of Heaven

tiāntáng	天堂 heaven; paradise	wèntí	问题 question; problem
tiāo	挑 choose; carry on the shoulder with a pole	wēng	翁 old man
		wúbiān-wújì	无边无际 boundless; limitless
tiáo	调 adjust	wúliáo	无聊 bored; dull
tiē	贴 paste; stick; glue; cling to	wúlùn	无论 no matter what; regardless
tōngxíngzhèng	通行证 pass; permit	wǔ	武 military
tōngyòng	通用 in common use; general	wǔshù	武术 martial art
tóngyīncí	同音词 homophone	wǔdǎo	舞蹈 dance
tǒng	桶 bucket		
tǒng	筒 thick tube-shaped object		

X

tú	途 way; road; route
tùzi	兔子 rabbit
tuī	推 push
tuìxiū	退休 retire
tuō	脱 shed; take off

xī	惜 have pity on
xīchén	吸尘 vacuum
xīzàng	西藏 Tibet
xíguàn	习惯 be accustomed to
xǐshǒujiān	洗手间 bathroom
xì	细 thin; fine; narrow; careful
xiá	辖 have jurisdiction over; govern
xiàqí	下棋 play chess
xiàlìngyíng	夏令营 summer camp
xiānměi	鲜美 delicious; tasty
xián	咸 salty
xiàn	线 thread; string; route; line
xiàndài	现代 modern times
xiàndàihuà	现代化 modernize; modernization
xiāngxìn	相信 believe
xiǎng	响 echo; sound; loud; noise
xiǎnglái xiǎngqù	想来想去 give sth. a good deal of thought
xiǎngxiàng	想像 imagine; imagination
xiàngyá	象牙 elephant tusk; ivory
xiào	肖 resemble; be like
xīn	辛 hard; suffering
xīnkǔ	辛苦 hard; labourious
xīndì	心地 mind; nature
xīnqíng	心情 mood
xīnjiāng	新疆 Xinjiang
xìnfēng	信封 envelope
xìnjiàn	信件 letter; mail

W

wā	蛙 frog
wàigōng	外公 (maternal) grandfather
wàipó	外婆 (maternal) grandmother
wàisūn	外孙 daughter's son
wàisūnnǚ	外孙女 daughter's daughter
wàizǔfù	外祖父 (maternal) grandfather
wàizǔmǔ	外祖母 (maternal) grandmother
wān	弯 curved; bend
wānlù	弯路 crooked road
wàng	忘 forget
wēi	威 mighty force
wèi	味 taste; flavour
wèidào	味道 taste; flovour
wèi	慰 comfort
wèi	喂 feed
wèi	卫 guard; protect
wèishēng	卫生 hygienic
wèihé	为何 why
wén	闻 hear; smell; famous
wénmíng	闻名 famous
wénzhāng	文章 essay; article

xìnxīn	信心	confidence
xīngfèn	兴奋	excited
xīngjí	星级	star (used in the ranking of hotels)
xíngchéng	行程	route or distance of travel
xíngli	行李	luggage
xíngzhèngqū	行政区	administrative region
xìnggé	性格	nature; character
xìngmìng	性命	life (of a man or animal)
xiù	秀	elegant; beautiful
xū	须	must; have to
xù	续	continuous
xuéfèi	学费	tuition
xùn	训	instruct

Y

yán	盐	salt
yán	沿	along
yánhǎi	沿海	coastal
yǎnchū	演出	perform; show
yǎnlì	眼力	eyesight; vision
yāng	央	centre
yāoqiú	要求	ask; demand; require
yáotóu	摇头	shake one's head
yě	野	open country; wild land
yěshòu	野兽	wild beast; wild animal
yěxǔ	也许	probably; maybe
yí	姨	mother's sister; aunt
yífu	姨夫	husband of mother's sister
yímā	姨妈	mother's (married) sister
yí	移	move
yímín	移民	immigrate; emigrate
yídài	一带	surrounding area
yíxiàzi	一下子	suddenly
yíhéyuán	颐和园	Summer Palace
yǐxià	以下	below
yì	亿	a hundred million
yì	义	meaning
yìgōng	义工	volunteer work

yìnián-dàotóu	一年到头	throughout the year
yìshǒu	一手	single-handed; all alone
yìyì	意义	meaning; significance
yīncǐ	因此	so; for this reason
yìnxiàng	印象	impression
yíng	迎	go to meet
yíngyè	营业	do business
yǐngdié	影碟	video disc
yǐngxiǎng	影响	influence
yònglì	用力	use one's strength
yōu	优	good; excellent
yōudiǎn	优点	merit; strong point
yóu	由	cause; by; through; via
yóuyú	由于	owing to; due to
yóu......zǔchéng	由……组成	be composed of
yóudì	邮递	send by post or mail
yóudìyuán	邮递员	postman
yóukè	游客	tourist
yóulǎn	游览	go sight-seeing; tour
yóupiào	邮票	stamp
yóutǒng	邮筒	mailbox
yú	愚	foolish; stupid
yúgōng	愚公	Foolish Old Man
yúrén	愚人	fool
yú	娱	amuse
yúlè	娱乐	entertainment
yǔ	屿	small island; islet
yǔfǎ	语法	grammar
yù	遇	meet; encounter
yùjiàn	遇见	meet; come across
yuányīn	原因	reason
yuè	阅	read; scan
yuèlǎnshì	阅览室	reading room

Z

zàishì	在世	be living
zāng	脏	dirty
zhàn	占	occupy; account for

zhāng	章	chapter; section
zhàng	仗	battle; war
zhàogu	照顾	look after
zhàokàn	照看	look after
zhèn	镇	town
zhēng	蒸	steam
zhēng	睁	open (the eyes)
zhēnglùn	争论	debate; dispute
zhèng	证	prove; testimony
zhèngquè	正确	correct; right
zhèngzhì	政治	politics; political affairs
zhī	织	weave; knit
zhīxīn	知心	heart-to-heart
zhīxīnrén	知心人	close friend
zhīyī	之一	one of
zhítōngchē	直通车	through train
zhíxiáshì	直辖市	municipality directly under the Central Government
zhǐyàng	纸样	paper pattern (for tailoring)
zhì	制	work out; control; system
zhì	智	wisdom; intelligence
zhìsǒu	智叟	Wise Old Man
zhōng	忠	loyal; honest
zhōngshí	忠实	loyal; faithful
zhōnghuá rénmín gònghéguó	中华人民共和国	The People's Republic of China
zhōngxīn	中心	centre
zhōngyāng	中央	centre
zhǔ	煮	boil; cook
zhù	注	notes
zhù	著	write; book
zhùmíng	著名	famous
zhù	柱	post; column
zhùzi	柱子	post; pillar
zhùchù	住处	residence
zhùsù	住宿	stay; get accommodation
zhùhè	祝贺	congratulate
zhuānmén	专门	special; specialized
zhuānxīn	专心	concentrate on
zhuǎnyǎn	转眼	in an instant
zhuàn	赚	make a profit; earn
zhuànqián	赚钱	make money
zhuāng	妆	woman's personal adornments
zhǔn	准	allow; accurate
zhǔnbèi	准备	prepare
zhuō	捉	hold firmly; grab; grasp
zī	资	fund; money
zīliào	资料	information
zìrán	自然	nature; natural
zìyóu	自由	freedom
zìyóu nǚshénxiàng	自由女神像	(US) Statue of Liberty
zìzhìqū	自治区	autonomous region
zǒngshù	总数	total
zūjiè	租借	rent
zú	族	race; nationality
zǔ	组	form; group
zǔchéng	组成	make up; compose
zǔzhī	组织	organize
zǔ	祖	grandfather; ancestor
zǔfù	祖父	(paternal) grandfather
zǔmǔ	祖母	(paternal) grandmother
zuòrén	做人	behave; get along with people
zuòshì	做事	handle affairs; act